"字斟句酌"丛书出版前言

已有60年历史的上海《语言文字周报》是中国语文现代化的一面旗帜,多次被国家语委、教育部评为"全国语言文字工作先进单位"。为适应新时代国家语言文字事业发展和社会语文生活与时俱进的需要,本报于2018年下半年进行全新改版。办报宗旨亦做新的调整——在宣传贯彻国家语言文字政策法规的同时,加强观察和讨论当下日常工作、生活中的语文新现象,咬嚼各类社会语文差错,传播与语言文字相关的文化常识。为了丰富普及语言文字新知的形式,编辑部决定推出"字斟句酌"丛书。丛书的目标读者是媒体从业人员、中学教师、其他语文工作者以及对汉语汉字感兴趣的广大读者。

该丛书是一套开放性的体系,内容涉及汉语汉字的方方面面。目前想到的品种有九个:《词误百析》《高频别字300例》《标点百诊》《容易读错的字》《病句精讲》《语法修辞初阶》《常识百点——出版物中100例知识性差错辨析》《编辑校对实用手册》《有滋味的汉字》。

该丛书每册10万字左右,以普及为主,兼顾提高,力求融知识性、权威性、趣味性于一体。知识性是说有内容,实在而丰富,每本书围绕一个语言文字话题展开,讲清有关的语文知识,给读者以满满的获得感。权威性与科学性有关,是说书中的知识是

经得起推敲的,言必有据,是能直接指导读者的语文运用的。这一点首先靠我们丛书高质量的编写队伍来保证。每本书的作者都是该领域学有专长的专家。他们有的是学识渊博的老教授,有的是出版界的咬文嚼字高手,有的是学界新锐,学有所专,各擅胜场。趣味性是说写作风格,在行文严谨、简练的基础上,力求活泼、轻快一些,让语文科普图书也变得可亲起来。

《语言文字周报》编辑部

2019年7月

写 在 前 面

说起《标点百诊》这本小册子的编写缘起,不得不提及上海咬文嚼字文化传播有限公司。2009年,公司规划一套系列丛书"咬文嚼字文库·慧眼书系",拟推六个品种:一是《字误百解》,二是《字辨百题》,三是《词误百析》,四是《词辨百话》,五是《语病百讲》,六是《标点百诊》。旋又增加《文史百谭》和《常识百点》两种。几年后,这个书系的图书陆续出版,但《标点百诊》的出版工作却因为种种情况始终没有进展。不少读者对它的问世一直抱有期待。

我曾在公司下属的《咬文嚼字》编辑部服务过十余年。其间,受编辑部的委托,参与了"慧眼书系"的出版工作,先后顺利完成了《词误百析》(2010年上海锦绣文章出版社第1版)和《常识百点》(2015年上海锦绣文章出版社第1版)两本书的编写任务。图书甫一上市,即获好评。《词误百析》一再重印,2019年已出至第3版。由于职业与身份的原因,经常有从事语文工作的朋友来询问我标点方面的问题;到《语言文字周报》编辑部任职后,来问的人就更多了。于是就常想到曾经的"标点百诊"这一选题。

在2019年的一个会议上,我见到在复旦大学读研时的导师陈光磊教授。师生聊天中,产生了共同编写一本谈论标点用法的小册子的念头,主要是从误用的角度来谈标点的规范。这有

点类似"错题集"。陈老师先前有一个关于标点符号的讲稿,约一万四千字,曾在多个场合用过,反响良好。遂决定由我在此基础上执笔扩充,成为一册。"尺璧非宝,寸阴是竞。"经过半年的努力,终于有了今天的这本小书。它被列入《语言文字周报》编辑部策划的"字斟句酌"丛书,我们期望它能填补"咬文嚼字文库·慧眼书系"的那个空白,为广大语言文字工作者答疑解惑,推进汉语书面语的规范化。

本书编写过程中参考的文献主要有:兰宾汉《标点符号用法手册》,刘一玲《标点符号用法 90 题》,苏培成《怎样使用标点符号》(增订本),吕叔湘、朱德熙《语法修辞讲话》,中央宣传部出版产品质量监督检测中心《图书编校质量差错案例》。获益良多,特此鸣谢。

"熟读王叔和,不如临症多。"要获得标点运用的三昧,还需广泛的语文实践。不再啰唆了,就此打住。

杨林成

2020 年 1 月

目 录 contents

壹 标点符号概述 ······ 001
一、标点符号的性质······001

二、标点符号的由来和演进······004

三、标点符号的功用······009

四、标点符号的种类······014

贰 常见标点符号的误用及其辨正 ······ 017
一、句号和逗号······019

  一"逗"到底,层次不清(019)

  随便"句"断,割裂语意(024)

  句末点号选择失当(026)

  逗号与顿号、分号、冒号混用(027)

二、问号······031

  不是疑问句而误用问号(031)

  问号位置错误(033)

三、叹号······035

  滥用叹号(035)

  叹号位置失当(036)

四、顿号......038

缩略语的并列成分之间误加顿号(038)

表示概数的相邻数字之间误加顿号(039)

顿号与连词"和""及"等并用(039)

"特别是……""甚至……""包括……"等词语前面误加顿号(040)

不同层次的并列成分之间误用顿号(040)

表示序次的数字加了括号之后再用顿号(042)

五、分号......045

越级使用分号(045)

文意紧凑的并列式复句结构中误用分号(046)

"等等"和省略号前头的分号被省略(046)

用了句末符号的句子,错误地包含在使用分号的句子里(047)

部分非并列关系的复句中没用分号(048)

分号占了句号的位置(049)

套用分号(049)

六、冒号......051

没有停顿而误用冒号(051)

插在引文中的"某某说"之后误用句号或冒号(052)

冒号用于"就是""即"等词语之前(052)

套用冒号(053)

该用冒号的地方误用逗号(054)

七、引号......055

并非直接引用而误加引号(055)

没有特殊含义的词语滥加引号(055)

栏目等作品名称误用引号(056)

需要特别指出的成分漏用、错用引号(057)

引文末尾的标点位置差错(058)

八、破折号......059

不该用破折号而误用(059)

前用破折号后用逗号,引起意义的混乱(060)

破折号的形式误成"— —"(061)

正文与破折号引出的注释部分被其他文字隔断(061)

九、省略号......064

滥用省略号(064)

用了省略号之后再不当地使用句号(065)

使用省略号时,叹号被不当地省略(065)

省略号与"等""等等"连用(065)

十、括号......068

句内括号位置错误(068)

滥用括号(069)

句内括号的内部行文结束时误加句号(070)

十一、书名号......072

书名号占了引号的位置(072)

书名号的管辖范围不准确(074)

"题为……""以……为题"中书名号的误用(074)

十二、连接号和间隔号......077

误用连接号的不同形式(077)

间隔号与下脚点的混用(078)

十三、着重号、专名号和分隔号......083

滥用着重号(083)

通名误用专名号(083)

分隔号误成了反斜号(083)

叁 标点符号的缺失和多余 ·············· 085
一、标点符号的缺失......085
二、标点符号的多余......088

肆 标点符号在文稿中的位置 ·············· 092
一、横排文稿标点符号的位置......092
二、竖排文稿标点符号的位置......094

伍 标点符号的规定性与灵活性 ·············· 095

附录一 标点符号用法(GB/T 15834—2011) ········ 098
附录二 标点用法训练 **100 题** ·············· 142
　　参考答案 ·············· 151

壹 标点符号概述

一、标点符号的性质

先用一个故事来说明这个问题。从事编辑出版工作的人,大概都知道这个故事,讲的就是一个编辑使用标点符号巧改作品——

苏联作家安德烈·梭勃里给一家报纸写了个短篇小说。作品题材不错,但是文字表达比较混乱,层次不清。编辑们都觉得很为难。老编辑布拉果夫便主动承担改稿的任务,他整整想了一夜。

第二天,编辑们看到这篇作品的修改稿,都很惊奇:内容变得那么风趣,层次变得那么清楚,行文变得那么流畅。更令人惊讶的是,通篇文章并没有增减一个字!大家都问布拉果夫有何高招。

布拉果夫回答说:"这没有什么秘诀,完全是标点符号的功劳。你们看,这里的每一句,我都打上了标点,还特别仔细地标上了句号。当然,还有分段,这是件大事情。标点符号就是要标出思想,摆正词与词之间的关系,使句子容易懂,表达准确。标点符号牢固地缚住文章,不让它散落。"

作家安德烈·梭勃里知道后,拥抱了老编辑,还亲了他三下,十分激动地说:"谢谢您,布拉果夫!您给了我一个永远难忘的教训,我深深地感到我对以前的作品是有罪的。"

读了这个故事,我们认为,应当这样来认识标点符号的性质:标点符号是书面语的有机组成部分。

文字记录语言成为书面语。标点符号是书面语里用来表示语句的停顿、语气以及标示某些成分(主要是词语)的特定性质、作用的符号。现代书面语都使用标点符号,不使用标点符号难以甚至不能有效地传情达意,同时也难以使人正确地理解和接受。标点使用不当,同样会影响表达和理解的明确性与恰当性。所以,标点符号是书面语中不可或缺的辅助符号。也就是说,标点符号对于现代书面语不是可有可无的,而是必须要有的。

试看下面一段文字——

现代自然科学发展的趋势是一方面学科的划分越来越细另一方面各学科之间互相渗透和交错在学科的发展上互相促进这种情况在物质结构天体演化和生命起源这三大基础理论上表现得很突出

这段话的意思并不难懂,可是没有标点,读起来不仅会感到费时费力,还不容易一下就看得明白。有人把这段话作了这样的标点——

*现代自然科学发展的趋势,是一方面学科的划分越来越细,另一方面各学科之间互相渗透和交错。在学科的发展上互相促进这种情况,在物质结构、天体演化和生命起源这三大基础理论上,表现得很突出。

虽有标点,但不正确,还是眉目不清,层次不明。其实,这段文字当作如下标点——

现代自然科学发展的趋势是:一方面,学科的划分越来越细;另一方面,各学科之间互相渗透和交错,在学科的发展上互相促进。这种情况在物质结构、天体演化和生命起源这三大基础理论上表现得很突出。

这样,看起来"眉清目秀",读起来语意豁然。这主要得力于标点的正确使用。

有时,标点不慎,还会招致巨大的经济损失。据报载,某外贸公司因出口需要向一家食品经营公司订购了18吨黄白芝麻,双方还正式签订了合同。可是,当那家食品公司按照合同将黄、白芝麻运往外贸公司时,却被拒收,并要退货。外贸公司说他们要的是黄白芝麻一种,并不是黄芝麻和白芝麻两种。于是看合同,发现上面写着的是:"外贸公司订购黄、白芝麻18吨。"这下,外贸公司只得认输,收下货物。由于签合同时疏忽,多了芝麻大的一个"点"——顿号(、),外贸公司陷入被动,遭受损失。

岂能小看这个顿号!在这里它就是个"和"字之用。可见行文也好,审稿也好,都应该一丝不苟,一"点"也错不得呀!

完全可以这样说,标点就是"标"出语意和思想,"标"出词语和词语之间的相互关系,使语句明白晓畅。

吕叔湘、朱德熙说得好——"我们必须首先有一个认识:标点符号是文字里面的有机的部分,不是外面加上去的。它跟旧式的句读号不同,不仅仅是怕读者读不断,给它指点指点的。每一个标点符号有一个独特的作用,说它们是另一形式的虚词,也不为过分。应该把它们和'和''的''呢''吗'同样看待,用与不用,用在哪里,都值得斟酌一番。"(《语法修辞讲话》第六讲)

二、标点符号的由来和演进

我国现在通行的标点符号,是在古代的"句读""圈点"等标点和符号的基础上,引进西方国家的一些标点符号,经过百余年的改造融合而成的。

"标点"一词最早见于《宋史》。《宋史·何基传》:"凡所读,无不加标点,义显意明,有不待论说而自见者。"可以推想,在宋代就已经有人使用标点符号了。可惜今天难见那样具体的文本。不过,这也说明,中国人的标点观念和"标点"这一说法很早就产生了,只是在长期的封建社会里中文的标点符号未能得到应有的发展。

可以说,中文的标点萌芽很早。

先秦时代"离经辨志"的一种方法,就是在句子与句子之间空出一两字的位置,使句子与句子断开,以便解读。这不妨可以说是先秦时代人们行文读书的一种标点方式。

至于秦代,从出土的材料看,秦简中已经运用"—"和"·"的符号来分句或分段,又以":"为重文号,以"乚"为句号或逗号。要说这是中文标点符号的滥觞也不为过吧。

从汉代开始,经师解经常分析句和读(dòu):文辞语意完足之处为"句",语意未完但需停顿处为"读"。许慎《说文解字》里就有乚(jué)和丨(zhǔ)两个字,是用来表示句读的。后世则用小圆圈(o)和瓜子点(、)来表示句和读,并逐渐形成了传统。

到了明清两代,所刻书籍中又逐渐出现了一些人名号、地名号以至句号、逗号。但总的说来,这些标点符号不成系统,运用

也不广。

鸦片战争以后,在"师夷长技以制夷"的救国思潮中,知识界大量翻译西洋书籍,新式标点也就逐步介绍进来。至1897年,王炳耀在所著《拼音字谱》(香港出版)中拟制了10种标点符号:

一读之号(,)

一句之号(.)

一节之号(。)

一段之号(√)

句断意连之号(;)

接上续下之号(—)

慨叹之号(!)

惊异之号(¡)

诘问之号(?)

释明之号(「」)

可以说,这是我国最早的一套新式标点符号。

1904年严复的《英文汉诂》(商务印书馆)最早使用了西文标点符号。

1906年朱文熊的《江苏新字母》也使用自定标点并采用横排。

1909年鲁迅和周作人合译出版的《域外小说集》特别介绍了书中四种标点符号的用法。

1919年9月,《新青年》第2卷开始采用"。"和","两种符号。

新式标点就这样逐步开始得到应用。

全面系统地引进标点符号的,当数我国著名语言学家陈望道先生。陈望道1918年在《学艺》第3卷五月号发表《标点之革新》,从学理上阐明使用新式标点的必要性,还介绍了10种西文标点的样式。1919年发表《新式标点的用法》,详细说解了各种

新式标点的用法。而后他又提出:"应该按照中国文法,将西式标点加一番逻辑地整理的工夫。"本着这样的精神,他拟制了14种标点符号(见陈望道《作文法讲义》附录,1922)。这些标点符号之后都被广泛使用。

1919年4月,北京大学马裕藻、周作人、朱希祖、刘复、钱玄同、胡适六教授联名向国语统一筹备会提交了《请颁行新式标点符号议案》。大会议决通过。同年11月,胡适对该《议案》进行了修正。1920年2月,北洋政府教育部批准这一议案,通告全国采用新式标点,所列标点符号12种。这是我国第一套法定的标点符号。

经过"五四"新文化运动,新式标点得到了广泛的推行。1920年5月起《新青年》全面使用新式标点,不到半年全国就有400余种报刊采用了新式标点。当然,标点的革新遭到了保守顽固势力的激烈反对,他们甚至把新诗中用感叹号"!"视作亡国的细菌和炸弹。诚如鲁迅在1934年所说:"十多年前,单是提倡新式标点,就会有一大群人'若丧考妣',恨不得'食肉寝皮'。"(《忆刘半农君》)可以说,新式标点在全社会得以采用和推广,也是"五四"新文化运动的一项业绩。

新中国成立之后,1951年9月就由中央人民政府出版总署公布了《标点符号用法》。这是我国第二套法定的标点符号。它规定了14种常用标点符号。同年10月政务院下达《关于学习〈标点符号用法〉的指示》,要求全国遵照使用,并要求"各机关指定固定的文字秘书,各编辑部指定专职的文字编辑,专司订正一切稿件中文字混乱和标点混乱之责"。这对全社会正确使用标点符号起了极大的规范作用。

不久,全国绝大多数报刊的排印由直行改为横行。至20世纪80年代,我国书面语又有了新的发展,标点的用法也有所变

化。于是1987年初国家语言文字工作委员会决定,组织课题组对1951年的《标点符号用法》进行修订。经过三年的工作,在1990年初完成了修订任务。1990年3月,国家语委和新闻出版署联合发布修订后的《标点符号用法》。这次修订的主要方面有:变直行用的标点符号为横行用的标点符号;修改了部分标点的定义;更换了例句;简化了说明;增加了连接号和间隔号。共列有16种标点符号。1994年由国家技术监督局提议,国家语委和新闻出版署进一步听取各方面意见,将1990年修订的《标点符号用法》改制为中华人民共和国国家标准本《标点符号用法》(GB/T 15834—1995),由国家技术监督局于1995年12月13日发布,并于1996年6月1日起实施。

2011年12月30日,国家质量监督检验检疫总局及中国国家标准化管理委员会联合发布新的《标点符号用法》(GB/T 15834—2011)。这是1995年版国家标准的修订本,从2012年6月1日开始实施,同时代替1995年发布的《标点符号用法》。新标准对原来的编排和表述做了全面修改,主要有:

1. 更换了大部分示例,使之更简短、通俗、规范;

2. 增加了对术语"标点符号"和"语段"的定义;

3. 对术语"复句"和"分句"的定义做了修改;

4. 对句末点号(句号、问号、叹号)的定义做了修改,更强调句末点号与句子语气之间的关系;

5. 对逗号的基本用法做了补充;

6. 增加了不同形式括号用法的示例;

7. 省略号的形式统一为六连点,在特定情况下允许连用;

8. 取消了连接号中原有的二字线,将连接号形式规范为短横线"-"、一字线"—"和浪纹线"~",并对三者的功能做了归并与划分;

9. 明确了书名号的使用范围;

10. 增加了分隔号的用法说明;

11. 增加了"附录":附录 A 为规范性附录,主要说明标点符号不能怎样使用,并对标点符号用法加以补充说明,以解决目前使用混乱或争议较大的问题;附录 B 为资料性附录,对功能有交叉的标点符号的用法做了区分,并对标点符号误用高发环境下的规范用法做了说明。

2011 版《标点符号用法》新增了"分隔号",法定的标点符号的总量由 16 种增至 17 种。

制订和实施国家标准《标点符号用法》,是加强语言文字使用规范化、标准化和法制化的需要。遵照使用《标点符号用法》对于从事文字工作的人员来说,更是责无旁贷。

三、标点符号的功用

标点符号的基本功用是帮助文字记录语言,使书面语的传情达意臻于完美。这里,我们把它的具体功用大致概括为以下四方面来谈。

(一) 表示话语的停顿和层次

说话总是有一定节律腔调的,这节调最明显、最基本的标准就是长短不一的停顿;而停顿的长短不一,往往又是以语意表达层次为依据的。标点符号首先就是用来表示这种停顿,从而显示出语意表达层次的。比如:

(1) 可以说写文章有两个理想:一是谨严,一个字不能加,一个字不能减,一个字不能换;一是流畅,像鸭儿梨,又甜又爽口。这两种美德,有人长于此,有人长于彼;当然也可以兼而有之,但是不容易。

在这段话里,句号表示句子完了之后的停顿,并且是陈述性的;冒号、逗号和分号表示句子当中不同性质的停顿,显出层次和条理。整个语段由先后相承的两句话组成。

当然,同一个语言片段(或者说一段文字),如果存在不同的意思,它就有不同的停顿,那么,标点也就不同;逆向而言,对同一个语言片段,加以不同的标点,也就表示着停顿的不同,从而显示出意思的不同。例如:

(2) 日本队打败了韩国队获得了冠军。

A. 日本队打败了韩国队,获得了冠军。(日本队获胜,得了

冠军)

B. 日本队打败了,韩国队获得了冠军。(韩国队获胜,得了冠军)

(3) 大明了解他不了解。

A. 大明了解,他不了解。(说明两个人不一样)

B. 大明了解他不了解?(问大明对"他"是否了解)

C. "大明了解他不?""了解。"(成为问答,说大明了解"他")

D. "大明了解他?""不了解。"(成为问答,说大明不了解"他")

E. 大明了解他? 不了解!(说话人强调大明对"他"并不了解)

F. 大明了解? 他不了解?(反问,说话人觉得对某事不了解的应该是大明而不是"他")

这种情况在标点古文时常会发生,甚至成为不同学术观点争论的引发点或依据点。

(二) 表示说话的语气和情感

说话有种种语气(或口气),并从中透露出种种感情。这在口头上通过语音(主要是语调)可以表达出来,而记录在书面上,就得使用标点符号了。例如:

老张上北京了。(陈述语气,用句号)

老张上北京了?(疑问语气,用问号)

老张上北京了!(感叹语气,用叹号)

让老张上北京。(祈使语气,一般用句号,强烈时用叹号)

再看下面的例子:

我这时很兴奋,但不知道怎么说才好,只是说:"啊! 闰土哥,——你来了?……"

大家知道，这是鲁迅《故乡》里的一段话。对这短短的 25 个字，作者动用 9 个标点符号来加以调配，从而表达出了他与闰土阔别重逢时的欣喜、惊异、悲凉、感慨等种种感情，甚至能让人听出他向闰土招呼问话时那种百感交集的语调、声气。

（三）标示有关词和句的性质与作用

文章中使用的词语、句子可能会有某种特殊性质和作用，不同于通常的用法，这就需要用有关标点来标示和指明。例如，对"小明说我很喜欢鲁迅的故乡"这一语句可作如下几种标点法：

A. 小明说："我很喜欢鲁迅的《故乡》。"

B. 小明说："我很喜欢鲁迅的故乡。"

C. 小明说我很喜欢鲁迅的故乡。

A、B 句的引号标明这是小明说的话；A 句中"故乡"用了书名号，表示小明喜欢的是这部作品；B 句中"故乡"无所标示，是通用名词，表示小明喜欢的是这个地方；C 句没有什么特殊的标示，只是记叙小明认为写说者喜欢这个地方的一句话。标点符号中的标号主要起标明作用。

有人把唐诗"清明时节雨纷纷，路上行人欲断魂。借问酒家何处有？牧童遥指杏花村"标点成为：

清明时节。

雨纷纷。

路上。

行人:(欲断魂)借问酒家何处有？

牧童:(遥指)杏花村！

这就成了微型独幕剧的剧本了。之所以能如此，在很大程度上得力于标点符号的应用，也就是说，把原来的诗句标点成了符合剧本写作格式的文字。

(四)作为修辞手段,提高表达效果

可以说这是对标点符号的特殊使用或超常使用。常见的有:

1. 问号、叹号的叠用

A. 竺苗龙不得不认真考虑起来:怎么办?怎么办??怎么办???(卢云《不到长城非好汉》)

B. 我恳求你立刻入院治疗!因为你延迟一天,便是说你的生命增加一天的危险!!你的生命,并不是你个人的,而是属于中国和中国革命!!!(宋庆龄《促鲁迅先生就医信》)

句 A 问号的递加叠用,表示疑问语气的逐步加紧,传达了说话人对所提问题的紧迫感。句 B 叹号的递加叠用,强化了感叹和祈求的语气,表达了对鲁迅先生的关怀急切而强烈。

2. 问号和叹号的连用

就是句末用"?!"来标点,表示强烈的疑问或反问语气,传达出说话人特有的情绪。

但我说出那几件"传世宝"来,岂不要叫那些富翁们齿冷三天?!(方志敏《清贫》)

3. 标点符号的活用

"那倒,确实,一个妥当的,办法。"老娃说,"我们,现在,就将他,拖到府上来。府上,就赶快,收拾出,一间房子来。还,准备着,锁。"(鲁迅《长明灯》)

例句中逗号不是用在表达意思层次的正常停顿处,而是用于描写人物说话不连贯的样子。这就是标点符号的变异用法。

4. 用标点符号代替所要表达的意思

这可以拿法国大作家雨果的标点符号信作为经典例证——

雨果向出版商探询所著《悲惨世界》的出版消息,给编辑部

写了这样一封信:

？——雨果

而出版商是这样回信的:

！——编辑部

不久,《悲惨世界》这部巨著就问世了,并且轰动了世界文坛。

"？"是雨果问他的著作出版不出版和什么时候出版,"！"是编辑部对他作出了肯定的回答和很快出版的承诺。

四、标点符号的种类

（一）标点符号 17 种

国家标准《标点符号用法》所列标点符号 17 种,可以分为点号和标号两大类。

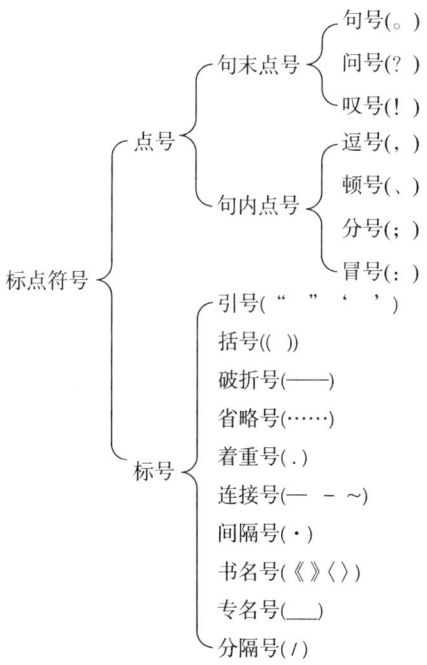

点号有七种,作用主要是点断,表示话语的停顿和语气。点号又分为句末点号和句内点号。句末点号有句号、问号和叹号三种,表示句子完结的停顿,同时表示句子的语气。句内点号有逗号、顿号、分号、冒号四种,表示句内长短不同的停顿。

标号的作用是标明,标示需要标明的词、短语和句子,有的标号也可以表示某种停顿和语气。标号有引号、括号、破折号、省略号、着重号、连接号、间隔号、书名号、专名号、分隔号,共10种。

(二) 其他标号的用法

在写作中和出版物上,除了使用以上17种标点符号以外,还常用到以下一些标点符号(均为标号)。

1. 省年号(') 又叫"省字号""高撇号",加在缩写年份左上方。如,"1992年"缩写为"'92"。我们认为,如果省年号已作为标点符号大家族中的新成员投入使用,它也应该同其他标点符号一样,取得合法地位,享受并履行其"权利和义务"。根据目前多数报刊的使用情况来看,似可作如下统一:①形式上统一为逗点,写在十位数字的左上角;②单独占一个汉字的位置;③用了省年号后,可省写年份的千位和百位数字,个位数字后面不再写"年"字,以免重复。

2. 虚缺号(□) 用一个方框代替一个字,是表示文字中缺字的符号,又名"缺文号"。过去使用过白方框(□)、黑方框(■)、三角圈(△)等作虚缺号,最常用的是白方框。比如:"太阳也出来了;在他面前,显出一条大道,直到他家中,后面也照见丁字街头破匾上'古□亭口'这四个黯淡的金字。"(鲁迅《药》)其中"古□亭口"读为"古某亭口"。

3. 隐讳号(×) 可以读作"某",代表不便或不须出现的文字。它的代替作用有二:一是代替泛指性词语,如"×月×日""××公司""×省×市";二是代替不便说出的文字,如"××到此一游""××来信""嫌疑犯陈×芳"。

4. 省代号(~) 也称"代替号",表示代替上文已出现过的某一字、词、句。多用于辞书释文中对词目一语的省代。如:

【概览】gàilǎn 名 概观(多用于手册一类的书名):《上海～》。

5. 示亡号(☐) 框于已故者姓名,表示此人已在近期去世。常用于作品的署名。如果作者去世已久,一般人都已知道,则作者姓名上不必加示亡号。

6. 标示号(＊ ● ■ △ ☆) 标示号的形式有多种,常用在分条列举的文字前面,有分列与提示的作用;或者用于文章作者的姓名之前,引起读者的注意。比如,星号标示号用在需要标示的词或句的左上角或右上角,语言学著作里常作为错误例句的标示。

标点符号的使用,有一个约定俗成、逐步统一的过程。它的规范,应建立在多数趋同用法的基础之上,而不应该随心所欲,否则就会引起混乱。

以上六种标号,还应根据书面语表达的实际需要逐渐形成明确、统一的规范。

贰 常见标点符号的误用及其辨正

吕叔湘、朱德熙二位先生说:"标点符号是文字里面的有机组成部分,不是外面加上去的。……特别重要的是要有句子的观念。"可见,标点符号和语法的关系很密切。

标点符号是辅助文字来记录语言的。一些文字工作者对标点符号的运用存有种种困惑与误解。究其原因,一方面是对有关规定不熟悉,一知半解;另一方面其实也与缺乏必要的语法知识有关。多学点语法,标点使用中的一些困惑就能迎刃而解。

在标点符号中,点号表示语句的各种停顿。句末点号兼表语气,也有区分句类的作用,它们与语法的关系尤其密切。一个地方该不该用点号,该用什么点号,就涉及"句子""句类"这样的重要语法概念。常见的一个标点问题是,逗号用得太多,句号用得太少,该用句号断开的地方仍然是随意用了逗号,结果造成"一逗到底"的毛病。看几个病例吧:

*(1) 这个招牌很新奇,再加上那几个字写得挺拔有力,人们纷纷来买陈作新的对子,他从早到晚写个不停,仍然供不应求。

*(2) 后来,比尔与另一个聪明的年轻人保罗合作,办起了全球第一家微机软件公司,即当今举世闻名的"微软公司",这时的比尔还不到20岁。

病例(1)中显然是两个句子,分别表达一个相对完整的意

义。前头一个句子讲的是一个现象——人们纷纷来买陈作新的对子;后头一个句子讲的是陈作新的反应与结果。因此,"对子"后头的那个逗号应该改为句号。病例(2),"后来"显然管不住"这时的比尔还不到20岁"这句话。因此,"这时"前头的逗号应该改为句号。产生病例(1)和病例(2)这样的现象,都是由于写文章的人缺乏明确的句子的概念。

※(3) 其次,要知道什么是文字?文字,是一种重要的人文现象,它是有定义的:记录语言的符号系统才是文字。

句末用不用问号,并不根据句子中是否有疑问词来定。病例(3),句类判断失误,没分清陈述与疑问这两种语气。"要知道什么是文字"并非疑问句,而是一个陈述句,因而后面的问号应改为句号。

写文章的人要想帮助读者分清结构,辨明语气,正确地了解文意,就必须规范地使用标点符号;而要掌握好标点这一工具,除了认真研读国家语文标准《标点符号用法》外,还得补一补自己的语法知识。"功夫在诗外。"信然!

《助字辨略》的作者刘淇说得好:"一字之失,一句为之蹉跎;一句之误,通篇为之梗塞。"事实上,标点的误用也会影响文章的质量。因此,"讨论可阙如乎?"

我们现行的标点符号方面的规范,是 2011 年 12 月国家质量监督检验检疫总局及中国国家标准化管理委员会联合发布的《标点符号用法》。这里面对各种标点符号的使用要求都已经做了说明,我们就不再详细讨论这些符号的基本用法,主要来谈谈一些高频误用的情形。

一、句号和逗号

话是一句一句说的,一句话完了在书面语上就用句号(或问号、叹号)表示其结束;一句话中间常常还需要有停顿,那就用逗号来表示(表示句子停顿的还有顿号、分号、冒号等几种,它们都有专门的功用,只有逗号是通用性的)。可以说,句号和逗号能表示出语句的最基本的语意层次。所以,这是使用标点首先要注意的地方,自然也是编辑审读标点要把守的第一道关。

判断一句话是说完了还是没有说完,免不了有主观的因素,所以有时是用句号还是用逗号,会有两可的情形。但是,如果能从语句的结构和表达的意思是否完整这两个方面去考量一番,则两可的情形是不太多的,大多数情形之下还是可以推断出该用句号还是逗号的。

句号的形式是一个小圆圈(。),在科技文献和西文文献中也可以使用实心小圆点形式的句号(.)。小圆点句号是20世纪初从西文标点符号中借用来的。逗号的形式像豆芽菜(,)。句号和逗号的常见误用情况有:

一"逗"到底,层次不清

句号和逗号这两种标点符号,在使用上常见的毛病是:或者一"逗"到底,层次不清;或者随便"句"断,割裂语意。尤其以前者为甚,句号用得太少。

逗号是使用频率最高的一种标点符号,但还是要防止滥用。在句子内部使用逗号,一方面是反映说话的停顿,一方面也要符

合语句结构的需要。书面语虽然是口语的记录,可是既然已经写在纸上,就以"看"为主;运用标点来照顾句子的结构,也许更有助于读者对句子意思的理解。

下面一段话,是一"逗"到底的例子。

*(1) 我国是世界上少数几个幅员广大的国家之一,也是世界上森林最少的国家之一,森林覆盖率在全世界一百六十多个国家和地区中,我国占第一百二十位,由于森林少,我国水旱风沙灾害频繁,农业生产水平不高、产量不稳定,木材供不应求,被污染了的空气和水得不到净化,影响人民健康。

这样一路使用逗号到句末,整个语段中间的所有停顿显不出区别,也就无法表明语意的层次。如果做编辑加工,可以把原文中第二个和第四个逗号改为句号,也就是改成:

(1) 我国是世界上少数几个幅员广大的国家之一,也是世界上森林最少的国家之一。森林覆盖率在全世界一百六十多个国家和地区中,我国占第一百二十位。由于森林少,我国水旱风沙灾害频繁,农业生产水平不高、产量不稳定,木材供不应求,被污染了的空气和水得不到净化,影响人民健康。

这样,就表明整段话由三句话组成:首句说明我国幅员广而森林少,次句说明我国森林覆盖率在世界上的地位,最后说明森林少造成的后果。语意的层次也就显现出来了。

请再看其他逗号误用的病例与校正:

*(2) "采"的本义是用手采摘,后来人们想要造彩色的"彩"字,但颜色怎么造字呢?太难了!于是就借用"采"字来记录彩色的"彩",在早期文献中,"彩色"就写成了"采色"。

*(3) 一九五七年的三月,杭州西湖的竹林葱翠宜人,在生机盎然的春光里,周总理对来此休养的李四光谈到了入党问题。

*(4) 新中国成立后,于 1949 年 12 月第一次全国邮政会

议上,曾讨论了邮政专用色问题。讨论结果认为:绿色象征和平、青春和繁荣,因此决定,人民邮政一律采用绿色为专用色。

例(2)一"逗"到底,层次不清。"在早期文献中,'彩色'就写成了'采色'"与前头的句子宜用句号断开。可校正为:"于是就借用'采'字来记录彩色的'彩'。在早期文献中,'彩色'就写成了'采色'"。例(3)当断不断,影响语言的层次清晰。第二个逗号应改为句号。这里是两句话:前一句话写景,后一句话叙事。两句话应该断开。校正为:

(3) 一九五七年的三月,杭州西湖的竹林葱翠宜人。在生机盎然的春光里,周总理对来此休养的李四光谈到了入党问题。

例(4)当断不断,致使语意前后牵连,界限不清。冒号管辖的范围是"绿色象征和平、青春和繁荣",因此其后应该用句号,与其他内容隔断。冒号有提示下文的作用,提示范围无论大小(一句话、几句话甚至几段话),都应与提示性话语保持一致(即在提示范围的末尾要用句号点断)。应避免冒号涵盖范围过宽或过窄。例(4)可校正为:

(4) 新中国成立后,于1949年12月第一次全国邮政会议上,曾讨论了邮政专用色问题。讨论结果认为:绿色象征和平、青春和繁荣。因此决定,人民邮政一律采用绿色为专用色。

再看几个病例:

*(5) 中国就像一座取之不尽,用之不竭的宝藏,总能给我无限的惊喜与震撼,让我忍不住给远在加拿大的邻居坦妮娅打电话,邀请她来中国感受一下五千年文明古国的独特魅力。

*(6)目前大学毕业生就业存在一种奇怪的现象:一方面很多学生毕业后找不到工作,一方面很多民营企业以及西部边远地区招不到需要的工作人员,出现这种现象的原因之一在于大学毕业生没有树立正确的价值观。

例(5)第一个逗号应改为顿号,即"中国就像一座取之不尽、用之不竭的宝藏"。例(6)与例(4)情况类似:误用逗号,致使冒号领属范围有误,影响语意的清晰表达。"工作人员"后的逗号宜改为句号。

＊(7) 小鸡用力拍打翅膀,真的哎,它一点点也飞不起来。

＊(8) 现在回想一下,独自完成这个游戏还是有点难度的,我能画对,多亏了小伙伴们的帮助呀!

＊(9) "这不算什么。"小猪说,"我能把这棵树推倒。""哦,不要……"小鸟慌忙地说,树是它的家啊!

例(7)是两个句子,没有断开。第一个逗号宜改为句号。校正为:

(7) 小鸡用力拍打翅膀。真的哎,它一点点也飞不起来。

例(8)逗号不当,一"逗"到底。"现在回想一下"后面说的是两件事:一是"独自完成这个游戏还是有点难度的",一是"我能画对,多亏了小伙伴们的帮助"。第二个逗号改为句号。校正为:

(8) 现在回想一下,独自完成这个游戏还是有点难度的。我能画对,多亏了小伙伴们的帮助呀!

例(9)最后一句是感叹句,前面误用逗号,致使语句纠缠在一起。最后一个逗号应改为句号。校正为——

(9) "这不算什么。"小猪说,"我能把这棵树推倒。""哦,不要……"小鸟慌忙地说。树是它的家啊!

继续看逗号误用的例句:

＊(10) 可以证明北京地区存在早期人类活动的北京猿人大概生活在什么时候?考古学家估算,往近里说约46万年以前,那个时候有字吗?

＊(11) 这四个字作了部件,拼合起来,构成了什么字呢?

是繁体字"歷史"的"歷","歷"为什么由这四个字形组成呢？我们知道,中国的地形是"两山之间必有川焉"……

＊(12) 在一个有水的崖岸下,田地里种满了庄稼,一只脚从这里走过去,这是一种什么样的状态呢？

＊(13) 尽管新一轮教材已经使用了六年多时间,但是仍有一些问题一直困扰着一线教师,例如:如何正确地把握课程标准的阶段目标？

＊(14) 各位住户在检查中发现安全隐患的,应及时采取排险措施,望大家提高警惕,安全度夏。

例(10)问号后头部分是两个句子:一是陈述句,一是疑问句。两个句子自然应该断开。不当地使用了逗号,致使陈述句和疑问句搅和在一块儿了。最后一个逗号应改为句号。例(11)开头是一个设问。"是繁体字'歷史'的'歷'"是设问的后半截"答",本身是一个完整的句子,所以,它的末尾应该用句号。校正为:

(11) 这四个字作了部件,拼合起来,构成了什么字呢？是繁体字"歷史"的"歷"。"歷"为什么由这四个字形组成呢？我们知道,中国的地形是"两山之间必有川焉"……

例(12)逗号使用不当。"在一个有水的崖岸下,田地里种满了庄稼,一只脚从这里走过去"是陈述,应该用句号结束,与后面的疑问句断开。校正为:

(12) 在一个有水的崖岸下,田地里种满了庄稼,一只脚从这里走过去。这是一种什么样的状态呢？

例(13)的问题也很普遍,"例如""比如"引出的疑问句没有和前头的陈述句断开,致使不同的语气杂糅在一起。第二个逗号应改为句号。校正为——

(13) 尽管新一轮教材已经使用了六年多时间,但是仍有一

些问题一直困扰着一线教师。例如:如何正确地把握课程标准的阶段目标?

例(14)是两个句子,"措施"后头的逗号宜改为句号。

除了前面说过的"一'逗'到底"的问题,还有"多余使用"的毛病:在不必停顿甚至是不能停顿的地方也加逗号。这就会破坏语句的整体结构,或者会造成语意偏误。吕叔湘、朱德熙二位先生的意见是,在可用可不用的地方,还是少用一两个逗号为宜。

*(1) 他把村里,今年春耕生产所发生的困难,都告诉了这位县长,派来的调查员。

*(2) "我要10箱""我要8箱""我这里也要5箱",站在小彭哥哥老彭的桃园门前,操着不同口音的游客正喊着买桃结账。

例(1)的第一、第三两个逗号都是多余的,也是错误的,应当删去。校正为:

(1) 他把村里今年春耕生产所发生的困难,都告诉了这位县长派来的调查员。

例(2)的问题严重一些,标点漏用、多用的毛病同时存在。可以改为:

(2) "我要10箱。""我要8箱。""我这里也要5箱。"站在小彭哥哥老彭的桃园门前操着不同口音的游客正喊着买桃结账。

随便"句"断,割裂语意

下面一段话,是随意使用句号的例子:

*(1) 作家,固然须有文学方面的才情。毋庸讳言。有三分才情,就是三分才情。千万别装出有五分的样子。装出来的那二分,塞到作品中,可能会蒙住中学生。但稍有修养的读者,会一眼便看出来的。

句号多而失当,语意就不顺畅。可以改成:

(1) 作家,固然须有文学方面的才情,毋庸讳言。有三分才情,就是三分才情,千万别装出有五分的样子。装出来的那二分,塞到作品中,可能会蒙住中学生,但稍有修养的读者,会一眼便看出来的。

这样改的理由是:①"毋庸讳言"作为插入语,不宜单独成句,按语意应归入上文,把它前面的句号改作逗号。②"千万别装出……"这一小句是承接上文而言的,它前面的句号割断了这种语意承接关系,当改为逗号。③"但……"与上文构成的是转折关系的复句,它作为一个分句和前面分句不宜用句号断开,可改用逗号表示顿歇,否则语意不能贯通。做了这样三处修改,整段话既语意通顺又层次分明:先说作家须有才情;再说才情不可假装;最后说假装才情也没有用,读者会看出来。

*(2) 清廷也以为"东沟之战,倭船伤重"。遂给予褒奖。一时间,上上下下跌入自我欣慰的虚幻光环之中。

*(3) 多年来,光明小学努力营造书香校园氛围,开展了一系列丰富多彩的活动,旨在激励学生多读书、读好书、会读书。热爱祖国,学好中文,热爱上海,传颂真情。

*(4) 会上,各分管副市长还对所分管各单位的汇报进行点评,同样简明扼要、客观务实。"教育局的工作可以用一句话总结,稳中求突破,整体上台阶。""公安局用一个'新'字总结,新形象、新突破、立新功。"

一句话没有讲完时,不能用句号。例(2)"遂"字紧承上文,不能与上文断开。第一个句号应改为逗号。校正为:

(2) 清廷也以为"东沟之战,倭船伤重",遂给予褒奖。一时间,上上下下跌入自我欣慰的虚幻光环之中。

例(3)的第一个句号应改为逗号,这样,"旨在"才能管住后

头的所有内容。校正为：

（3）多年来,光明小学努力营造书香校园氛围,开展了一系列丰富多彩的活动,旨在激励学生多读书、读好书、会读书,热爱祖国,学好中文,热爱上海,传颂真情。

例(4)"务实"后头的句号宜改为冒号。

一些成对使用的关联词语所连接的分句之间,尤其不能用句号。像"虽然……但是……""不但……而且……""只有……才……"等,这些关联词语连接的是前呼后应的分句,分句之间关系很紧密,如果被句号断开,就割裂了语意,给读者的理解造成障碍。比如：

＊（1）我的课堂绝不是对枯燥乏味的观点的简单罗列,也不是缺乏个性的泛泛而论。而是我自己对音乐最重要的个人认识的集中的表达,是我个人人生经历的总结和诠释,和切实的音乐价值观密不可分。

＊（2）发布在微信、微博的文章,文本范式不囿于传统新闻文体。而是融图片、叙述、新技术甚至评论为一体的。

例(1)误用句号,割裂了复句的整体组织。"不是……也不是……而是……"是一个并列复句结构。复句是一个句子,因此"泛泛而论"后句号应改为逗号。例(2)"不……而是……"语意连贯,不宜用句号断开,因此"而是"前头的句号宜改为逗号。

句末点号选择失当

＊（1）请问这篇短文的主旨是什么。

＊（2）23天的激战后,以色列和哈马斯的发言人都说自己"胜利"了,只有巴勒斯坦老人,在房屋两次重建又第三次被炸毁后问,"为什么总是我们付出代价"。

例(1)误用句号。这是一个疑问句,是要求对方(学生)回答

的,因而句号应改为问号。这里的"请问"是一个敬辞,表示尊敬的口气,用于请求对方回答问题,性质上属于句子的特殊成分——独立成分,不影响句型分析、句类分析。比如:①你看,那个人不就是张老师吗？②据说新来的社长姓黄？其中的"你看""据说"就是独立成分。"你看"的作用是引起对方注意,"据说"表示尚需求证的消息来源。例(2)巴勒斯坦老人确实是有疑而问,而且是责问,在寻求答案,所以"代价"后应紧跟问号,删除句号,同时将"问"后面的逗号改为冒号。

逗号与顿号、分号、冒号混用

句内点号有四种:逗号、顿号、分号和冒号。顿号、分号和冒号表示的是句子内部特定结构中的停顿——顿号表示的是句子内部并列词语之间的停顿,分号表示的是复句内部分句之间的停顿,冒号表示的是提示性话语之后的停顿,而逗号表示的是句子内部的一般性停顿。这四种点号应该各司其职,否则就会引起理解上的困惑。误用的例子很多,比如:

*(1) 文章先写了对夕阳的整体感受,然后按照时间顺序,记叙了日落的过程;又通过对太阳下落时色彩变化的描写,形象地描绘出各个阶段的特点;最后作者……

*(2) 专家委员会对这一问题有三种意见,一种认为她的声音很不稳定,很难造就;另一种认为,可以让她再试一次;还有一种意见认为她只是没有发挥好,她很有潜力,应当录取。

*(3) 人人都有自己的心爱之物,或稀罕,或普通;或别人赠送,或自己选购;或来自异国,或出自家乡……

*(4) 桃花开了,红得像火;梨花开了,白得像雪;郁金香也开了,黄色、紫色交相辉映,好一派万紫千红的灿烂春光!

例(1)误用标点,影响句子层次的显现。第一处逗号改为分

号。注意该句的关联性词语和分句之间的逻辑关系(先后相继。句型上是连贯复句)。例(2)误用逗号,小材大用。"意见"之后的逗号应改为冒号。提示语后用分号显示出并列的几种情况时,提示语后宜用冒号。如果使用逗号,不仅提示语没有凸显出来,而且读者容易把提示语误解为第一种情况的一部分。("意见"之后的逗号也可改为句号)例(3)误用逗号。第一个逗号应改为冒号或破折号。逗号管不住后面含有分号的复杂内容,因为分号的停顿长度长于逗号,介于句末点号和逗号之间。因此,用分号隔开的几个并列分句,不能由逗号统领或总结。例(4)误用逗号。"辉映"后面的逗号应改为冒号。"好一派万紫千红的灿烂春光"是对前面内容的总括,总括性话语前应当用冒号。

*(5) 许多管理者认为,"如果我在办公室里却没有把门关好,我就不是一个好经理。"

*(6) 三、四年级的队员则兵分两路,一队带着垃圾分类宣传展板和页册,来到颍桥交通枢纽、广场和各小区,向居民群众宣传垃圾分类的相关知识,并就如何分类做了详细的讲解;另一队则走上街头铲除黑色广告,给路边的垃圾桶、栏杆等公共设施来了次大清洗,在热火朝天的劳动中感悟雷锋精神。

*(7) 家长们务必将学员带到泳池内,教练接手后方可离开,上课1小时结束后请主动进泳池带学员离开。(某游泳班招生启事)

*(8) "不能学归学、说归说、做归做",这句话,他在此次内蒙古调研指导期间多次予以强调。

例(5)误用逗号。第一个逗号使用不当。有两种改法:一个办法是把第一个逗号改为冒号,另一个办法是把句号放在引号外头。提示语"说""例如""证明""认为"之后经常用冒号,表示提起下文。例(6)误用逗号。第一个逗号应改为冒号,这样才能管住

后头的"一队""另一队"两方面内容。(第一个逗号也可改为句号)例(7)"上课"前的逗号宜改为分号,或改为句号。例(8)的第一个逗号用得也有问题,可以删去。也可以改为:

(8)"不能学归学、说归说、做归做。"这句话,他在此次内蒙古调研指导期间多次予以强调。

小贴士

句号也可以用在非主谓句的末尾。非主谓句是单句中不同时具备主语和谓语,但可以表达一个完整意思的句子;由单个的词或主谓短语以外的其他短语构成的句子。

比如:

(1) 名词性非主谓句

打酱油的。 老杨! 1993年12月。上海外滩。

(2) 动词性非主谓句

吃了。 起飞! 开窗通风。

(3) 形容词性非主谓句

棒极了! 真甜!

(4) 特殊非主谓句

不! 哎呀! 咋啦?

可见,用不用句号,并不取决于句子的长短。

单用的关联词语引出的如果是意思上相对独立的句子,关联词语前可以用句号。比如:

(1) 据报道,在一次老年团体登泰山的活动中,年龄最大的队友竟已高达82岁。并且,与同队相对年轻的老人相比,这位高龄队友还是提早登上山顶的队员之一。

(2) 奴隶主阶级主要依靠对奴隶的占有权享有奴隶的全部

劳动及其成果。因此,奴隶主不关心生产,他要生活得更好,不是靠改进生产,而是靠占有更多的奴隶。

(3) 三太子下定了舍身的决心,顿时感到精神振奋,内心充满了激情和喜悦。因为怕两位哥哥阻拦,他让两位哥哥先走,自己单独来到虎旁,脱了衣服躺在母虎嘴前。但是,母虎已濒于死亡,连吃肉的气力也没有了。

例(1)"并且"之前、例(2)"因此"之前、例(3)"但是"之前,都用了句号。

句号还可以用在语气舒缓的祈使句、感叹句末尾。比如:

(1) 留守儿童在农村无法接受优质教育,那就随同父母到城里接受教育吧。

(2) 李小月一说起女儿就泪水涟涟的。那一年女儿还不到一岁,幼小的婴儿是多么地需要妈妈,又是多么地孤独无助啊。可是,刘招华不让她带着一起走……

(3) 母亲软软地叫道:"来呀,多多。"

例(1)是持重沉稳的祈使句,例(2)的第二句话是语气舒缓的感叹句,例(3)"软软地"点明了母亲说话的舒缓语气,因此用句号比较贴切。

中外文混排,应按照行文语种使用标点符号。下面的句子标点有问题:

＊因此,正确答案为 personal touch.

整个句子是中文为主的句子,结尾应该使用中文的句末点号。应改为:

因此,正确答案为 personal touch。

二、问　　号

前面说过,标点符号有表示语气和感情的作用。使用问号和叹号,特别要注意把握语气和情感的表达;否则,就会使用不当。

不是疑问句而误用问号

且看下面一个例子:

﹡(1) 纪晓岚非常好奇,便催问着:"用了哪个名字？公公,快说呀？"

其中"快说呀"当是祈使语气,该用叹号。前面一句话的疑问语气不能笼罩到整段话。

问号是表示疑问语气的。一个句子如果没有疑问语气,即使句子里有疑问词或者疑问形式,也是不能用问号的。使用上最常见的错误就是,见到有疑问词或疑问形式就加问号。其实,有些句子虽有疑问词或疑问形式,但整个句子并非疑问句而是陈述句,对这样的句子用问号就错了。例如:

﹡(2) 我不知道这条路走得通走不通？但我一定要坚定不移地走下去。

﹡(3) 又亏本了,只是目前还没法算出到底亏了多少钱？

﹡(4) 你去试试他究竟是什么态度？也可以问问他对我们有什么意见？

这些句子都是陈述句,虽然全句主要动词的宾语成分含有疑问词语,但并没有形成疑问语气,整个句子并不是问句,说话

人并不要求回答。所以,例(2)中问号应改为逗号,例(3)的问号改为句号,例(4)的前一个问号改为逗号,后一个改为句号。再看一些类似的误用情况——

*(5) 萧卿主人仅用工尺谱记录了词曲,并未注明这些小调采自何处?流行于何地?是用什么方言演唱的?

*(6) 其次,要知道什么是文字?文字,是一种重要的人文现象,它是有定义的:记录语言的符号系统才是文字。

*(7) 他们的行为举止、政治态度、审美趣味,甚至读什么书?用什么材料装饰居室?坐什么车?使用什么化妆品?都在媒体的掌握之中。

*(8) 一个国家的政治是否民主?由该国的政体所决定,但与人民的文化水平、教育事业发展的程度也不无关系。

*(9) 他骗不了咱,咱们谁都晓得他有几斤几两?

*(10) 会议别安排得那么紧,晚上还是应该让大家去哪儿玩玩吧?

例(5)误用问号。将陈述句误认为疑问句。此处并非疑问句,不宜用问号。前两个问号均应改为逗号,最后一个问号应改为句号。例(6)问号使用不当。问号是表示疑问语气的。一个句子如果不是疑问句,就不宜用问号。句中的问号应改为句号。例(7)问号应改为逗号。例(8)的问号可改为逗号或径直删去。例(9)、例(10)的问号都用错了,当改为句号。

不过,有一种情况值得注意:

(1) 我倒要请教,这个字到底应该怎么写?

(2) 这本书我可没看过,不知道你看过没有?

(3) 宝贝,请告诉我月亮去哪儿了?

这类句子实际上是要求听话的人回答的,有所提问,因此,句末标点用问号为好。

问号位置错误

问号一般放在句子的末尾,也就是说要用在全句疑问语气的表达上,而不是只放在有疑问词的片段上。要特别注意称呼语后置或主谓倒置的句子中问号的位置。下面句子中问号的位置应校正:

*(1) 刚才我们都谈到哪里了?小张。

校正:刚才我们都谈到哪里了,小张?

*(2) "今天能不能完成任务?小李。"主任严肃地问。

校正:"今天能不能完成任务,小李?"主任严肃地问。

例(1)、例(2)标点位置不当。问号应放在句子的末尾,却错误地用在了中间。这两个句子都是疑问语气的倒装句。"哪里了"后应改用逗号,"小张"后改用问号;"任务"后应改为逗号,"小李"后的句号应改为问号。类似的句子,不论是先呼名还是先问话,问号都要放在句末,不能紧跟问话置于句中。再看两例:

*(3) 她什么时候能回来?你估计。

校正:她什么时候能回来,你估计?

*(4) 那你有没有注意到?这份邮件发出的时间。

校正:那你有没有注意到这份邮件发出的时间?

在选择疑问句中,问号一般也应该放在句末。下面句子中问号用得不妥当:

这种情况,他是真不知道呢?还是装不知道。

例句中的问号应在句末,中间的问号改为逗号。

不过,在选择问句中,如果需要特别强调每个选项的独立性,或选项较多、较长,说的时候每一个选项后面的停顿也较大时,则可以在每个选项后面都加问号。比如:

（1）李文华想申报编审（正高职称）。是今年申报呢？还是明年申报呢？他有点拿不定主意。

（2）洪秀全的均田主义，虽有详细的规定，但并未实行。是他不愿实行呢？还是感觉实行有困难而不愿试呢？就现在我们所有的史料判断，可以说洪秀全对于宗教革命及种族革命是十分积极的，对于社会革命则甚消极。

例（1）中的"是今年申报呢？""还是明年申报呢？"就是两个并列的问句。例（2）"是他不愿实行呢？"和"还是感觉实行有困难而不愿试呢？"是两个强调的选项，都独立成句，因此都用问号。

小贴士

当疑问句是更大的结构的一部分时，为了保留原有的疑问语气，句末的问号仍可保留。比如下面"约吗？"中的问号应保留：

别人说"约吗？"时该怎么幽默地回答呢？最佳答案：不约而同（"而同"谐音"儿童"）。

此外，问号也有标号的用法，即用于句内，表示存疑或不详。例如：

在这个地方，监听和窃听公民必须取得符合宪法（？）的严格的手续，否则就是严重的违法，甚至是违宪。

例句中的问号表示对前面"宪法"一词的不确定。

三、叹　　号

叹号表示感叹语气,用于抒发强烈的感情。举凡赞叹、感慨、喜悦、惊讶、悲愤、叹息等语气,都可用叹号来表示。

滥用叹号

使用叹号最常见的毛病就是把只有一般感情色彩的句子都用上叹号。例如:

＊(1) 你们有什么意见都可以提嘛!我们一定虚心接受!认真改进!

＊(2) 上海"春满梨园"戏曲社是隶属于松江区的一支新组建的镇级戏曲团队!

＊(3) 张社长对参加本刊出版100期庆祝活动的嘉宾表示衷心的感谢!

＊(4) 沪亭南路85号嘉富丽酒店停车场免费停车!(上海某游泳培训班招生广告)

例(1)、例(2)都是滥用叹号。陈述语气的句子末尾一般不能用叹号,只有当它带有强烈的感情或加重语气时才可以用叹号。这两个例子都是陈述句,不带有特别强烈的语气,叹号用得没有道理。例(1)的前两个叹号改为逗号,最后一个叹号改为句号。例(2)的句末叹号应改为句号。例(3)也是滥用叹号。本例是一个陈述句,不能用叹号,应改为句号。例(4)显得语气太夸张,应改用客观的陈述语气,叹号改为句号。

当然,叹号的用与不用、用多用少,大有伸缩。只有联系语

境,细细揣摩说话人当时的语气,才能判断叹号是否用得妥当。比如:

(1) "你过来。"她说。

(2) "你过来!"她说。

上述(1)(2)两句,一个用句号(表示平平和和的口气),一个用叹号(表示强烈的感情色彩——惊喜、气愤或命令、催促等),区别全在说话人的语气。

叹号位置失当

并不是一见感叹语气词就要在后面用叹号,叹号得用在全句的抒情语气上。在主谓倒置的感叹句、祈使句中,见到语气词就用叹号,可能会将一个完整的句子割裂成两段,破坏句子结构的整体性。下面的叹号就有用得不妥的:

*(1) 祖国壮丽的大自然啊!就像一块巨大的磁石,强烈地吸引着游子的心。

*(2) 快出发吧!孩子们!

例(1)的叹号当改作逗号,把叹号移到句末,换下原来的句号。例(2)这类倒装句,叹号只用在句末,中间语气词后的叹号改为逗号。

*(3) 老人拿到医疗救助金后感动地说:"如今有这么好的政策,这么好的医疗条件,虽然得了重病,并不可怕。我呀!还得活一阵子呢。"

例(3)误用叹号。主谓之间的停顿,不用感叹号。感叹号改为逗号。

*(4) "你凭什么剥夺我说话的权利!?"

例(4)标点连用出了问题。一个句子包含疑问、感叹两种语气且都很强烈时,可以问号、叹号并用。本例中的问题是问号与

叹号的位置顺序弄反了,应该是先问号再叹号。

下面一个句子由于乱用标点,句子的语气也被传达得十分混乱:

＊出现以上这些情况,是生产厂家故弄玄虚!还是有意疏忽?或是另有其他什么原因。

应当校正为:

出现以上这些情况,是生产厂家故弄玄虚?还是有意疏忽?或是另有其他什么原因?

小贴士

叹号还有一种特殊的用法:用于句子内部,表示强烈的感叹语气或声音响亮、突然。比如:

(1) 第二颗炮弹又从他们头上飞过去了,把追他们的那三只独木舟中的头一只打成两段,同时邓肯号上响起了一片"乌拉!"声,那些土人吓慌了,扭头就逃,向海岸划去。

(2) 王成紧握爆破筒,高喊着"为了胜利,向我开炮!"与敌人同归于尽;董存瑞手托炸药包,激昂高呼"为了新中国,前进!"英勇献身;楚宁大喝一声"快闪开,我来啦!"大鹏展翅般地推开战友扑向炸弹。

例(1)中的叹号表示喊声的响亮、气势的雄壮,例(2)中的叹号表示说话人强烈的感情。这样的叹号,在书面语中都应保留。

四、顿　　号

顿号表示句子内部并列词语之间的停顿,所表示的停顿比逗号小;分号主要表示复句内部并列分句之间的停顿,所表示的停顿比逗号大。两者在表示"并列"这一点上是相通的,但用法不相同。

必须是有停顿的地方才用得着顿号。有些句子虽然有并列成分,可是说起来是不停顿的,那就不宜使用顿号。顿号误用的情形比较多。

缩略语的并列成分之间误加顿号

说话或行文时,如果语词长且繁复,这个语词又经常使用,人们就会创造一个缩略语来浓缩信息。缩略语的并列成分之间没有停顿,不用顿号。用顿号就不符合言语的实际了。误用的例句如下:

*(1) 我们全校师、生、员、工都参加了这项献爱心的活动。

*(2) 早期仅有大、小福康杯、平光杯等数种。

*(3) 列车车门蜂鸣器响,车门及屏蔽门、安全门警示灯亮,乘客不得强行上、下车。

*(4) 西安我在抗战期间住过一阵,大、小雁塔,碑林等都是跑空袭警报的时候去看过的。

顿号用得太多,就会把句子拆得太散,不便于阅读。例(1)"师、生、员、工"在口语里并不作这样的停顿,不必用顿号。其他如"公安干警""部队指战员""黑白电视机""父母亲""中小学"

"理工科""军烈属""土特产"等缩略语,也是约定俗成作为一个词使用,说起来很顺溜,其间并无停顿,因此一般不写成"公安干、警""部队指、战员""黑、白电视机""父、母亲""中、小学""理、工科""军、烈属""土、特产"。例(2)第一个顿号多余,应去掉。例(3)"上、下车"应改为"上下车"。例(4)"大、小雁塔"中间的顿号要去掉,"碑林"前的逗号则应改为顿号。

表示概数的相邻数字之间误加顿号

例如:

＊(1) 这个年级有一百四、五十个学生,看来要分几个班。

＊(2) 自公元5、6世纪以来,西方几乎每个世纪的人,都把自己所在的时代规定为"现在"。

例(1)概数"一百四五十个"的表述,相邻数字结合得很紧密,口语中"四五十"中间没有停顿,所以不能用顿号将其顿开。其他如"五六分钟""七八十岁""二三百块钱",都不可顿开。例(2)顿号多余。"5、6世纪"改为"五六世纪"。数字连用表示概数时,应采用汉字数字;相邻或相近数字连用表示概数时,说起来是不停顿的,也就无须用顿号。

顿号与连词"和""及"等并用

一个顿号的作用,相当于连词"和"(或"与""及")。如果并列的成分不止两个,在最后两个成分之间用了"和"或"及",就不宜再加顿号。否则,就造成语言手段的重复。例如:

＊(1) 现在我国的直辖市有北京、上海、天津、和重庆。

＊(2) 监理机构是监理方派驻本工程项目现场直接承担监理业务实施的组织,由总监理工程师、监理工程师和监理员、以及其他人员组成。

＊(3) 石库门抽户改造,此前没有先例,怎么抽、如何设定原则与标准、以及如何平衡各方利益,都是摆在面前的难题。

例(1)用了"和"表并列,就不可再加顿号。一般多项并列到最后一项时常用连词"和",那就不需要顿号了。例(2)连词"以及"前面如果停顿,要用逗号,不能用顿号。用"以及"往往有区分主次和先后的作用。例(3)"以及"前头的顿号改为逗号,或者删去顿号。

"特别是……""甚至……""包括……"等词语前面误加顿号

例如:

＊(1) 加强基层党组织领导班子、特别是书记队伍建设,要创新选拔培养机制。

＊(2) 文以载道,艺术潜移默化的塑心树人功能是显见的。艺术对公众、特别是对青少年的影响深刻地存在,艺术工作者对自身修养的提升、自身形象的维护更不能被视为自己的私事。

＊(3) 一方面,它们可以用优厚的"配套"条件或其他因素来诱引银行在本地投入金融资源;另一方面,它们则更多地通过默许、容忍、甚至鼓励本地企业用展期、拖欠、甚至逃废债的方式来攫取全国性金融资源。

以上三例顿号不当。"特别是……""甚至……""包括……"等插在句子中表示强调、补充等意思时,如果前面需要停顿,应该使用逗号,不能用顿号。例(1)、例(2)"特别是"前头的顿号改为逗号。例(3)两处"甚至"前的顿号都宜删去。

不同层次的并列成分之间误用顿号

顿号与语言的结构层次关系紧密。如果并列词语处于不同的层次,则低层次的并列词语之间用顿号,高层次的并列词语之

间用逗号。否则,就会造成语句的层次不清。下面是误用的例子:

*(1) 西方企业管理强调以法管理、理性的、科学的管理法则。

*(2) 文章分析了有再现二段曲式结构的流行歌曲2首。它们是崔健词曲的《一无所有》、向彤、何兆华词、王祖皆、张卓娅曲的《小草》。

*(3) 水稻、小麦、棉花、化肥、石油、煤炭,这些都是国家统购统销的物资。

例(1)误用顿号。不同层次的并列成分之间,不宜都用顿号。"强调"的宾语有两个:"以法管理"与"理性的、科学的管理法则"。可改第一个顿号为"和"字。例(2)标点混乱,层次不清。可改为:

(2) 文章分析了有再现二段曲式结构的流行歌曲2首。它们是崔健词曲的《一无所有》和向彤、何兆华词,王祖皆、张卓娅曲的《小草》。

顿号、逗号具有层级性,如果并列词语中还有并列词语,大的并列词语之间用逗号,小的并列词语之间用顿号。例(3)误用顿号。并列各项中,"水稻、小麦、棉花"和"化肥、石油、煤炭"属于两个类别,严格地说,中间应用逗号隔开,以区别不同层次。

再看几个例子:

*(4) 这位就是他们厂的副厂长、总工程师、章明诚博士。

*(5) 科技馆就在上海、浦东、世纪大道附近,离东方明珠电视塔也不远。

*(6) 这50首中国经典歌曲中,民歌有14首、艺术歌曲有14首、流行歌曲有22首。

*(7) 出版物既是精神产品、又是物质产品,具有与一般物质产品不同的特点和内在矛盾。

＊(8) 牛也有角、羊也有角,但那种像树枝一样的、非常美丽的角,只有鹿才有。

＊(9) 如今,它们或已残破,或已模糊,却用自身传递着可贵的信息,或印证史籍、或补史籍之缺、或纠史籍之误。

＊(10) 停车时间　8:30—次日7:30　　周六、日、法定假日全天

例(4),"副厂长、总工程师"就是"章明诚博士",二者之间是复指关系,并非并列关系,不可顿开。例(5),世纪大道属浦东,浦东属上海,它们之间是领属关系而不是并列关系,不可以把它们顿开。例(6)误用顿号。分句之间不用顿号。两个顿号都应改为逗号。句内点号中,顿号表示的停顿最短,层次最低,通常只能表示并列词语之间的停顿;分号表示的停顿最长,层次最高,可以用来表示复句的第一层分句之间的停顿;逗号介于两者之间,既可表示并列词语之间的停顿,也可表示复句中分句之间的停顿。例(7)也是分句之间误用顿号。顿号应改为逗号,或者直接删去顿号。例(8)"牛也有角""羊也有角"是两个分句,不宜用顿号隔开。例(9)两个顿号宜改为逗号。例(10)层级不清,可改为"周六、周日、法定假日全天"或者"周六与周日、法定假日全天"。

表示序次的数字加了括号之后再用顿号

用数字表示序次的文本,不可标点作下列样式:

＊(1)、……(2)、……(3)、……

＊(一)、……(二)、……(三)、……

＊〔甲〕、……〔乙〕、……〔丙〕、……

带括号的序次语后不能再加顿号。一个原则是:如果用顿号,就别再用括号;用括号,就别用顿号。再看两个序次语的标

点误用的例子：

＊（1）现在讨论两个问题：1、不切实际的标准是否要修改？2、工作流程是否要优化？

＊（2）幸福有四种：第一、睡在自家的床上；第二、吃父母做的饭菜；第三、听爱人给你讲情话；第四、跟孩子做游戏。

例（1）顿号误用。顿号应改为下脚点。不带括号的阿拉伯数字、拉丁字母或罗马数字做序次语时，后面用下脚点（该符号属于外文的标点符号）。例（2）顿号误用。句中的4个顿号应该全部改为逗号。如果用"第×""首先""其次""最后"表示次序，后面用逗号，不用顿号；如果用"一、二、三……""甲、乙、丙……"等表示次序，后边必须用顿号，不用逗号。

小贴士

并列词语间的停顿一般用顿号，有时也可以用逗号。逗号表示的停顿要长于顿号。早期的白话文著作，比如鲁迅、茅盾等人的作品，并列词语之间多用逗号。

成对的引号或书名号并列，本身已经起到隔开的作用。因此，在不会引起歧义的情况下，标有引号或书名号的并列成分之间，通常可以省略顿号。吕叔湘、朱德熙《语法修辞讲话》说："如果一连串的词语都是用引号括起的，按道理是应该在中间加上顿号的。可是形式难看，而这些引号也附带着有隔断的作用，因此一般的习惯就把这些顿号省掉了。"比如：

（1）仅就中国古典小说而言，他们更喜欢的可能是《金瓶梅》《水浒传》《西游记》。

（2）启蒙运动提出"自由""平等"的要求，实质上反映了发展商品经济和对自由劳动力的要求。

不过,若有其他成分插在并列的引号之间或并列的书名号之间(如引语,或书名号之后还有括注),宜用顿号。比如:

(3) 这本《语文杂记》收入了吕叔湘40年间浏览《人民日报》、《人民日报》(海外版)、《光明日报》、《北京晚报》、《新观察》等报刊的100多篇即兴札记。

(4) 动补结构既然是由两个词组合而成的,那么在它凝固成动补结构的过程中,就有可能被原句子的宾语从中隔开,出现了另一类句子,如杜甫诗歌中"石角钩衣破"(《奉陪郑驸马韦曲二首》其一)、"检书烧烛短"(《夜宴左氏庄》)、"寒天催日短"(《公安县怀古》)等。这些句子动补结构之间被动词宾语隔开来了。

五、分　　号

分号的主要作用是分清层次。适合使用分号的情形有三种:第一,复句内并列关系的分句之间;第二,非并列关系的多重复句的第一层;第三,总说后面的分项列举之间。

常见的分号误用情况主要有:

越级使用分号

下面句子里的分号就用得不当:

*(1)《湖畔》中的人物对话;《鲜花开放的地方》中环境的点染;《大钱饺子》里的铺叙议论,都富有特色。

*(2) 这套"标准课堂练与考"丛书,力求将新课程的概念反映在课堂同步练习之中,使学生逐步提高自己的语文、数学技能;积累自己学习语文、数学的经验和方法;提升自己发现问题、解决问题的能力。

*(3) 我国地域辽阔、民族众多,各地方、各民族受地理环境、气候等诸多因素的影响,形成了不同地域、不同民族的性格特征;形成了不同地域、不同民族的民歌及其独特的风格特征。

*(4) 最先在这方面作出突出贡献的是著名的作曲家、音乐学家青主;音乐教育家、作曲家萧友梅先生;语言学家、作曲家赵元任先生;音乐教育家、作曲家黄自先生等。

*(5) 如果一个人没有远大的志向;如果一个人没有付出辛勤的劳动,都很难为社会作出大的贡献。

例(1)"《湖畔》中的人物对话""《鲜花开放的地方》中环境的

点染""《大钱饺子》里的铺叙议论"并非并列分句,只是三个较长的并列短语(词组),所以要用顿号,也可以用逗号。例(2)误用分号,割裂了句子的结构。"使学生"三个字管住的是"逐步提高自己的语文、数学技能""积累自己学习语文、数学的经验和方法""提升自己发现问题、解决问题的能力"三部分内容。因此,两个分号都应改为逗号。例(3)误用分号,搞混了句子的层次。句子里的分号应改为逗号。例(4)误用分号,是典型的越级使用标点。顿号和分号之间,还有一个逗号。句子中的三个分号,均应改为逗号。例(5)分号处不是多重复句的第一层,分号应改为逗号。

文意紧凑的并列式复句结构中误用分号

有的并列复句,整个结构较为简单,文意也较紧凑,那分句之间就可以用逗号,不必用分号;用了分号反而伤害了语意的连贯性和流畅性。例如:

＊(1) 艾琳喜欢唱歌;张明喜欢棋牌;卫小鹏则喜欢集邮:他们各有各的爱好。

＊(2) 我们要培养既有远大抱负,又能脚踏实地;既有专业知识,又能端正思想;既有满腔热情,又有健康体魄的全面发展的人才。

例(1)的两个分号改作逗号为宜。例(2)是一个单句,三个"既……又……"都是复句形式,并列做"人才"的定语,三者之间不能用分号。两个分号要改为逗号;或者去掉逗号,分号改为顿号。

"等等"和省略号前头的分号被省略

还要注意一点:如果使用分号表示多项并列,当项目列举未

尽,要用"等等"或省略号来表示时,在"等等"和省略号前仍当用分号;否则,这"等等"和省略号就只属于已列举的并列项目中的最后一项。这当然是不恰当的。例如:

﹡(1) 他说的内容主要是:作为年轻人,要有新的生存能力;作为高校教师,要有良好气质;作为新都市人,要掌握一门外语等等。

﹡(2) 人之不同如其面:有的聪慧,性格开朗,潇洒大方;有的高雅,性格沉稳,温文尔雅;有的粗犷,性格直爽,豪健雄放;有的恬静,性格温柔,秀丽端庄……

例(1)应当在"等等"前加分号,例(2)应当在省略号前加分号。

用了句末符号的句子,错误地包含在使用分号的句子里

这种误用主要发生在分项说明的情形中。比如:

﹡(1) 许又新认为心理治疗关系的特殊性表现在三个方面:

第一,新的人际关系。所谓新的人际关系,就是心理治疗者不能重复病人已有的人际作用模式,因为病人的精神障碍就是在旧有的且陷入恶性循环的人际关系中发生发展的。这种人际关系有三个基本要求——不批评、不包办代替、不偏倚(unbiased attitude);

第二,亲密的人际关系。其中接受、理解、尊重、投情(empathy)是影响亲密关系的重要因素;

第三,建设性的人际关系。这种关系体现着心理治疗的目的,它能促进病人的自我理解,增进病人的自尊、自信和独立自主精神,从而有利于潜力的发挥。

﹡(2) 2018年2月11日,青海省监察委员会领导班子成员

全部产生。全国省级监察委员会全部成立;2月13日,河北唐山市监察委员会挂牌。全国市级监察委员会全部完成组建;2月25日,广西崇左市大新县监察委员会揭牌。

例(1)中,分号隔开的三个部分是并列关系,由于每一部分内部已经用了句号,并列部分之间再用分号就不合适了。改正的办法:把两个分号改为句号,使它们成为独立的三个句子。例(2)这段话有三层意思,由三个并列分句组成。并列分句之间用两个分号隔开,而前两个分句各有两个层次,这两个层次表示的意思前后相承,中间的停顿只能用逗号,却误用了句号。语言结构具有层次性,标点符号的使用必须准确表达这种层次性。句号表示的停顿大于分号,分号表示的停顿大于逗号。例(2)两个句号都应改为逗号,分句内部两个层次之间的停顿应当用逗号。

部分非并列关系的复句中没用分号

在多重复句中,非并列关系的第一层也可以用分号,目的是标示结构层次。有时不用分号,句子的结构就显示不出来,不利于阅读理解。例如:

*(1) 过去我国足球队到巴西去学技术,到欧洲去学对抗能力,这都是片面的,只有在技术素质同步提高的情况下才能适应当代的足球发展趋势。

*(2) 昨天下午小区停车场车少,于是小赵根据培训书上的方法练习倒车入库,练习了两个小时,一直不得要领,但是他今天在教练的指导下,一下子就掌握了。

例(1)这段话有两层意思,但是用了逗号就显现不出来。把第三个逗号,即"只有……"前的逗号改成分号就容易感受到了。在这种地方如果改成句号,又割裂了相关的两层意思,用分号才是恰当的。例(2)是一个多重复句,其中"于是""但是"都是关联

词。推敲一下可以发现整个复句是表示转折关系的,因此第一层分句之间的标点应该改用分号,即"但是"前的逗号改为分号。

分号占了句号的位置

一个意思说完了,就应该用句号句断,而不宜用分号。比如:

* 近来,中美关系出现了一些不和谐音。布什总统利用其第二任期的首次欧洲之行,公开游说欧洲,要欧盟维持对华武器"禁售"的决定,理由是担心海峡两岸的军事平衡被打破;中国人大还在讨论《反国家分裂法(草案)》,美国政府就急着跳出来反对,认为该法"没有益处"。

例句中的分号要改为句号。因为"布什总统……平衡被打破"表达的是一个完整的意思,说完了就应该用句号。

套用分号

不同层次的语句不应同时用分号。分项列举的场合容易发生这种误用。比如:

* (1) 三、乘客应当遵守以下有关票务管理的规定:

(一) 乘客应当持有效车票乘车;

(二) 越站乘车的,应当补交超过部分车款;持票进入收费区后,须在合理时间内出收费区,超出合理时间的,应当按照网络单程最低票价补交票款;

(三) 享受乘车优惠的乘客,应当持本人有效证件乘车,乘客不得冒用他人证件或使用伪造证件乘车。

修改的办法有两种:一是把(一)和(二)末尾的分号都改为句号;二是把(二)拆分为两款——

(1) 三、乘客应当遵守以下有关票务管理的规定：

（一）乘客应当持有效车票乘车；

（二）越站乘车的，应当补交超过部分车款；

（三）持票进入收费区后，须在合理时间内出收费区，超出合理时间的，应当按照网络单程最低票价补交票款；

（四）享受乘车优惠的乘客，应当持本人有效证件乘车，乘客不得冒用他人证件或使用伪造证件乘车。

再看一个错例：

*（2）故居开放时间

1、每周二至周日 9:00——16:30(16:00 停止入内)；

2、周一故居闭馆；周五故居闭馆；

3、不预约接待团体观众；

4、故居内超过 20 人，观众须在外排队等候。

除套用分号外，这则告示还有许多语文问题，可修改为：

（2）故居开放说明

1. 每周二、周三、周四、周六、周日 9:00—16:30(16:00 停止入内)开放；

2. 周一、周五故居闭馆；

3. 不预约接待团体观众；

4. 故居内超过 20 人，观众须在外排队等候。

六、冒　　号

冒号用来提示下文和总结上文,表示提示性话语之后和总结性话语之前的停顿。这也是一种句内停顿。很常见的一种情况是:所提示的下文是某人所说的话,而这话又要用引号标示出来,这样,冒号和引号就常连用了。使用上的错误往往也就发生在不该连用的时候连用了。

冒号的误用,主要有这样几种情形:

没有停顿而误用冒号

冒号代表较大的停顿,有时在一句话里误用冒号,会把上下文隔断。例如:

﹡(1) 她笑着回了一句:"好吧",就把门关上了。

﹡(2) 门口挂着:"欢迎解放军歌舞团来校演出"的横幅。

﹡(3) 上课请带好:拖鞋、洗浴用品、游泳衣裤、泳帽、眼镜。(某游泳培训班招生启事)

﹡(4) 至于我的这位朋友,喜爱清净,别人一般也无求于他,因此,他虽然也住在偌大的小区,倒也地道地是:"结庐在人境,而无车马喧"了。

例(1)、例(2)虽有引语,但用冒号的地方在说话时无停顿,同时也无提示作用,所以冒号应删去;否则,就把连贯的话弄断了,引语后面的文字"就把门关上了""的横幅"就连不上去。例(3)、例(4)的冒号多余,应删去。

插在引文中的"某某说"之后误用句号或冒号

行文中直接引用别人的话,一般要用"某某说""某某问"等指明话是谁说的。如果"某某说"插在引文中间,前后引文是同一个人说的话,这时"某某说"后面的标点用什么要看具体情况,不宜简单地一概用冒号或句号。来看几个错误的例子。

*(1)"嗯,"乾隆点点头,手捻胡须道:"前者办理《四库全书》,考募各誊录,五年期满……"

*(2)"扯淡!"钟离汉打断了姐夫的话,一挥手,说:"你的病,我就能医。"

*(3)"大桥就要通车了,"他环视了一下会场说。"请大家咬紧牙关,做最后的冲刺。"

例(1)的冒号不对。因为乾隆说的话前面已经引出,后面引号里的话是承前而来的,这种插在引用话语中间的"某某说"之后就当用逗号而不能用冒号。冒号在这里的作用是提示下文,如用了冒号,则"某某说"就只管后不管前,前面的话就成了没有着落的引文,或者被误以为是别人的话。例(2)的冒号当改用逗号。例(3)第一个句号当改为逗号。

冒号用于"就是""即"等词语之前

语言表达的一个原则是经济性原则,即尽量用省俭的办法来完成交际功能,同样功能的手段不宜重复使用。请看几个误用的例子。

*(1)深入"人格之根",只有一条途径:就是将心比心,拿自己的灵魂做抵押。

*(2)任何旅游服务的提供,都必须包括四个基本要素:即服务对象、服务提供者、劳动资料、服务标的。

例(1)误用冒号。冒号主要用来提起下文(用在需要说明的词语之后,表示注释和说明),或总结上文。冒号与词语"就是"的功能重复。可把冒号改为逗号,或把"就是"删去。例(2)也是手段重复问题。冒号不能用在表示等同意思的"即"或"就是"等词语之前。应把句子中的冒号改为逗号,或者把"即"字删去。

套用冒号

套用冒号,影响表达的清晰。出现这种情况,大都是由于句子组织得不好。比如:

﹡(1) 教材中这样介绍:这是一件雕塑作品,基座的左面刻着乌切吉奇的诗句:"那样的时刻将会到来,人们把剑铸为犁,用标枪制成镰刀,再看不到流血,再不会去打仗。"

﹡(2) 这一新规定的主要内容是:职工工资按工龄、工种分成三大块:基本工资、岗位工资、效益工资。

﹡(3) 记者在北京一些小学采访,不少教师反映:近一两年来,小学生在思想品德方面存在的问题主要是:有相当数量的孩子劳动观念淡薄,劳动习惯差,生活自理能力低,不珍惜财物。

例(1)套用冒号。一个句子内部不应套用冒号。可把"介绍"后的冒号改为破折号,或者把"诗句"后的冒号改为破折号。例(2)冒号套用,层次不清。保留一个冒号即可。可以把前一个冒号改为逗号;或者把后一个冒号改为破折号,即"职工工资按工龄、工种分成三大块——基本工资、岗位工资、效益工资"。例(3)第二个冒号可改为破折号;或者是在标点符号以外想更好的办法,把它改为两个句子——

(3) 记者在北京一些小学采访,不少教师反映了近一两年来小学生在思想品德方面存在的问题。这些问题主要是:有相当数量的孩子劳动观念淡薄,劳动习惯差,生活自理能力低,不珍惜财物。

修改病句时,如果标点上有为难的地方,可以在造句上想想法子。

该用冒号的地方误用逗号

比如:

﹡(1) 不同类别的动物活动的空间不同,飞禽,翱翔在天空;走兽,奔跑在大地;鱼类,游弋在水中。

﹡(2) 一是太重政治而轻其他,结果是只见国家没有社会;二是过分强调阶级斗争而忽视其他社会力量,结果是多元发展的历史成了一元化的线性公式,这是传统的中国近代史体系之缺憾。

例(1)用分号的几个并列分句,不能由逗号统领。"不同类别……空间不同"是总括性的说明,后面是三个并列分句,具体展开。总括句的末尾宜改用冒号。例(2)"这是……缺憾"是总结性的,所以它的前头不能用逗号,应改为冒号或句号。

小贴士

冒号有一种用法,就是用在书名或标题中,表示前后两部分是话题与陈述的关系。比如:

(1) 张庆和:杀敌英雄

(2) "三个更好,两个更低":让守信者得实惠

(3) 深圳:引领全民阅读由浅入深

(4) 聚焦海外中国学:今天,世界这样认识中国

(5) 安藤忠雄:建造属于自己的世界

上述前四例都是文章的标题,最后一例是书名。

七、引　　号

引号用来标明行文中直接引用的话或需要特别指出的内容。引号使用上的差错主要有以下几种情况：

并非直接引用而误加引号

＊（1）师母告诉我说："最近老师和她身体都不太好，想找个地方去疗养疗养。"

＊（2）实践证明："我们的结论是正确的。"

例(1)是间接引用的话，不可用引号，前面的冒号也宜换用逗号。例(2)用冒号提示就可以了，不必再用引号，因为这并非直接引用的话，而是作者要说明的意思。

没有特殊含义的词语滥加引号

下面几个例子都是文章的标题，其中的引号用得令人生疑。

＊（1）女华侨与假港商的跨国诈骗"双簧戏"

＊（2）全国首例"辞职待遇"官司

＊（3）大山深处的奇异"婚配"

＊（4）官场"花架子"

标题(1)(2)(3)(4)中的引号在表情达意上有何用处呢？阅读相应的文章后我们发现，标题中"双簧戏"等词语都是在正常意义上使用，并无特殊含义，也非指称用法。这些引号全无必要，简直是赘疣，应该删除。

＊（5）二十多年过去了，她又一次来到老宋家，她仍然感受

到了宋夫人的"亲切"。

＊(6) 当太阳完全被月亮的身影遮住时,与神女般若隐若现的"海尔-波普"彗星相比,清晰的水星亮晶晶地伴在被遮黑的太阳旁边,金星、木星也同现在天宇。

＊(7) 我本来认为应该有两个鸡蛋或者至少是碗"稀饭"什么的,没想到就是几个山芋。

＊(8) 为了确保全地域搜救100％成功,每一次演练,导演组都要随机模拟"返回舱"的着陆位置。在冀齐齐的记忆里,"返回舱"曾经出现在草原上、深沟里、悬崖边、冰河里……

例(5)、例(6)多用了引号,引得读者理解时节外生枝,好像有什么特殊含义似的。事实上,例句中的"亲切""海尔-波普"既不是要着重论述的对象,也不是具有特殊含义的词语。根据《标点符号用法》引号的加引范围可知,这里的引号属于滥用,应去掉。例(7)的引号多余,应该删去。例(8)两处"返回舱"上的引号都不需要用。

栏目等作品名称误用引号

2011版《标点符号用法》中明确规定,栏目等作品名称应用书名号。如果用引号,就是标点误用。比如:

＊(1) 本刊封三传统的栏目是"广角镜",向读者传递有关刊物新近的活动信息。

＊(2) 那篇短文的题目是"读书莫放'拦路虎'"。

＊(3) 1887年第二卷出版了,题名为"革命诗集"。

＊(4) 它让我想到李白的诗篇、司马迁的《史记》、贝多芬的"第九交响曲"、达·芬奇的《蒙娜丽莎》、罗丹的《思想者》……

例(1)误用引号。"广角镜"是栏目名,属于作品名称,应用书名号。例(2)误用引号。引号应改用书名号(同时单引号改为

双引号)。涉及特定作品的标题、名称时,应用书名号。例(3)引号应该改为书名号。例(4)"第九交响曲"也是作品名,应改用书名号。

需要特别指出的成分漏用、错用引号

引号的基本作用之一就是标明行文中需要特别指出的成分:或者是需要加以强调的词语、具有特殊含义的词语,或者是需要解释、说明、论述的词语。漏用、错用都不对。比如:

＊(1) 新中国成立后,老张经历了历次政治运动,尤其是反右派、大跃进、文化大革命等运动都给他留下了深刻的记忆。

＊(2) 社会是否对你们尊重,并不取决于你们知道多少,而是你们是否具有诚实高尚的品格。社会不在乎你们做什么(what to do),而在乎你是谁(who are you)。你们应当成为科学家,但首先应当是一个诚实高尚的人。

＊(3) 光打苍蝇,不打老虎,别说苍蝇们不服,对社会也无法交代。这次天津开的这个先河,也具有全国的示范意义。

＊(4) "天宫"二号已做好与神舟十一号交会对接的准备。

＊(5) 窗口服务实行首问责任制,讲普通话,使用"10"字(您好、请、谢谢、对不起、再见)文明用语。

＊(6) 然而,她还感到遗憾,总觉得有两个是字没有唱好。

例(1)中的"反右派、大跃进、文化大革命"都是名称违背事实的运动,因此都要加引号,同时可删除两处顿号。例(2)"做什么"和"你是谁"要分别加引号,因为它们是括号中英文对应的译文。例(3)"苍蝇"喻指职级低的腐败官员,"老虎"喻指职级高的腐败官员,都要加引号。例(4)中系列的航天器名称如果加引号,要把"×号"的字样也放在引号内。加不加引号,局部应该统一,所以本例可校正为:

(4)"天宫二号"已做好与"神舟十一号"交会对接的准备。

例(5)引号应该引住的是"10字",因为这里是"10字"有特殊含义。例(6)的"是"字应该加引号。

引文末尾的标点位置差错

引文末尾的标点符号如何放置,也是引号使用上需要注意的一个问题。如果把引用的话作为作者自己的话的一部分,那引文末通常不加标点,而是根据作者话语的具体情况在引号外加相应的标点;如果引用的话是独立采用的,引文末的标点要按原文放在引号里面。下面引语的标点是不对的:

*(1)"蛮子,你有几个脑袋,敢和火车碰头"。贺龙师长爽朗地笑着,"小鬼们,好好休息,好玩的还在后面呢"。

*(2)大家说:"这次活动,真是一堂生动的革命传统教育课啊"!

*(3)陈作新灵机一动,心想:我的招牌也有了。于是他提笔写下四个大字:"鬼画桃符。"

*(4)他认为,改革的方向应当是"以企业作为基本的经济单位。企业在国家统一领导和监督下,实行独立经营,独立核算。"

*(5)非常感谢王宁老师,也非常感谢让我有第一个提问的机会。"听君一席话,胜读十年书"。我的问题是,……

例(1)引号外的句号都应放在引号内,例(2)的叹号也要放在引号内,因为它们都是作为完整、独立的话引用的。例(3)引号内的句号应移至引号外。例(4)标点位置有误。最后一个句号应放在引号外头。这里的引文只是句子的一个成分(作者的话的组成部分);而句号是整个句子结束的标志,不是引文结束的标志。例(5)引文后的句号位置不当。因为是完整引用,引文具有相对独立性,所以这个句号应该在引号里面。

八、破折号

破折号有比较多的用途,用法比较复杂,主要用来标明文中解释说明的语句和话题的突然转变,也标示声音的延长和事项的列举分承。

不该用破折号而误用

破折号在运用中存在的主要问题是,不该用的地方误用破折号。下面句子里的破折号都用得不当:

﹡(1) 这一切,使人们想起了解放前——一九三七年大旱五十天,赤地千里,四出逃荒的悲惨往事。

﹡(2) 一位朋友劝告我:现在市场上假冒商品太多。——甚至对友谊、爱情也要多加小心。

﹡(3) 在亲人金珠玛米——解放军——的帮助下,我很快就恢复了健康。

﹡(4) 一个士兵惊慌失措地跑进来向戒严司令报告:"不——不好了!工人冲了进来,挤上楼梯来了。我们用枪也拦不住。"

例(1)"一九三七年"是解放前的一个年头,并不是也不会是对"解放前"的解释,破折号当改为"的"字。例(2)"甚至"表示的是递进,而不是话题的转换,所以不能用破折号,同时把第一个句号改为逗号为宜。例(3)"解放军"并非对"金珠玛米"做解释,只是译意,破折号当改用括号。例(4)"不"字之后非声音延长之态,而是声音颤抖断续之状,所以破折号不当,应改用省略号。

标点百诊

*(5) 在一次东语系的批斗会上——顺便说一句,这样的批斗会还是比较多的;但是,根据生理和心理的原则,事情太多了,印象就逐渐淡化,我不能都一一记住了——,我瞥见主斗的人物中,除了新北大公社的熟悉的面孔以外,又有了对立面井冈山的面孔。

*(6) 我们可以试着解读一下:现代战争或许可以不必像过去那样近身肉搏,只要在指挥室内揿揿按钮,就可以摧毁千里之外的目标;战争形态在演化,但战争造成的创伤并未改变。——这不也可以成为揭示现代战争本质内涵的警句吗?

例(5)的问题是后头一个破折号跟了一个多余的逗号,原因是写作者忽视了破折号标示注释或补充说明时,还可表示短暂的停顿(括号没有这种功能)。例(6)破折号并不需要。

前用破折号后用逗号,引起意义的混乱

还有一种情形也应特别留意,就是前用破折号后用逗号。这一用法,一般出现在以名词注释名词(即构成同位关系)的时候。假如破折号引出的注释部分较长,而且之后还要紧承前面的话头说下去,则不宜用这种标点方式,因为容易引起意义的混乱。比如:

*(1) 他注意到,中国学生往往依据父母的意愿选择专业——这在西方很少发生,不过,一旦学生在大学里融入专业课程,他们便会以极大的热情投入其中。

*(2) 勃鲁盖尔朴实而生动地描绘了尼德兰乡村的日常生活仪式——农业,狩猎,食物,节日,舞蹈,还有男婚女嫁,乡村的宴会,甚至还形象地表现了诙谐的民间谚语。

*(3) 近年来,随着公路和铁路网的爆炸式发展——从过去的青藏、川藏、新藏、滇藏等四大进藏公路,到后来的青藏铁

路,再到目前正在建设的青藏高速公路、川藏铁路等,外人曾经难以到达的秘境,已不再遥不可及。

例(1)中的"发生"后面的逗号应改为破折号。例(2)"甚至"前头的逗号使用不当,可改为破折号或分号。例(3)"从过去的青藏、川藏、新藏、滇藏等四大进藏公路,到后来的青藏铁路,再到目前正在建设的青藏高速公路、川藏铁路等"是破折号管住的内容,因此"等"字后的逗号宜改为破折号,使句子主干与附属说明部分界限分明,易于阅读。

破折号的形式误成"— —"

破折号的形式是占两字格的长横线"——"。因为电脑输入法的问题,在文本中常被误成"— —"。比如:

* 建功 G60　奋斗新时代

— —2019 电影党课进社区、到企业

这是一条宣传横幅上的文字。其中破折号的形式应该修正为"——"。

正文与破折号引出的注释部分被其他文字隔断

破折号引出的注释部分与被注释的正文关系紧密,少了注释的部分,句子的意思就不完整,因此它们之间不能被其他文字隔开。试举两个误用的例子:

*(1) 凌云健笔意纵横/李海荣(附满分作文 3 篇)

——中考满分作文真卷揭秘

*(2) 天行健,君子以自强不息。

君子应该像天宇一样自强不息,即使颠沛流离,也不屈不挠。

——出自《周易》

例(1)是某报纸中的一条标题与作者信息。这样的表述方

式值得商榷:一是作者信息"李海荣"的位置不当,不应插在主标题和副标题之间,因为主、副标题是一体的,从话语结构上看是连贯的;二是括注的位置不当,应放在副标题的末尾。可改为:

(1) 凌云健笔意纵横

——中考满分作文真卷揭秘(附满分作文3篇)/李海荣

例(2)是一本2020年日历上的文字。破折号及后面部分应移到"天行健,君子以自强不息"的后头。因为翻译的话并不是《周易》的原文。"出自"二字也宜删去。

小贴士

破折号的使用,要注意与功能类似的括号、冒号的差异。这一点,一般人不大注意,所以破折号、括号、冒号的用法有点乱。

破折号与括号的用法有区别。在标示注释、补充说明这一功能上,破折号的用法类似于括号。二者有时可以换用。比如:

(1) 当然,幼儿园也反映出一些问题:幼教人员的待遇偏低(虽然她们没有怨尤),以及妇女在就业与家庭之间的抉择,等等。

(2) 反观台湾的幼儿教育——百分之九十的台北市幼儿园都不合格——就令人忧心不已。

例(1)中的括号可以换为破折号,不影响意思的表达。例(2)中的破折号改用括号,也能准确地表达原来的意思。

但是,破折号与括号也有不能换用的情形,这一点必须注意。破折号在有声语言中是要"读"出来的:它标示的内容是正文的一部分,一般不能缺失;还可表示短暂的停顿。括号在有声语言中是不"读"出来的:它标示的内容属于附带性的,与正文不在同一级别上,缺少了它,句子的基本意思还是能体现出来的;

另外,括号也没有表示停顿的作用。比如:

(3) 这座投资2260万美元建成的国际饭店共有480个房间,每个房间都安装了一台彩色电视、一部按键拨号的电话机,在房间里还能使用中央空调——这些稀罕的新配备闪闪发亮,无一不在提醒人们:这是中国第一个真正意义上的国际饭店。

例(3)中破折号不宜改用括号,因为破折号后面的内容在写作者看来是比较重要的解释说明。

破折号与冒号的用法也有区别。破折号标示注释与冒号表示提示下文并不相同。从意义上看,破折号注释的内容不是句子的主干,一般来讲,删去后句子依然是完整的;冒号表示总说与分说的关系,分说部分不能省去,否则句子结构就不完整,或者与原意不符。比如:

(4) 现在东西复合,柏林回复到它原来的面目——一个大都会。

(5) 主要来说,这些品质包括以下四个特点:1.行事敏捷迅速;2.时刻保持警觉;3.勤奋用功;4.真诚坚定。

例(4)如果把"一个大都会"省略,句子结构依然完整。例(5)如果把冒号后的内容省略,句子意思就不完整了。

从管辖范围来看,标示注释的破折号管辖范围可大可小,提示下文的冒号则一管到底。因此,二者有时不能换用。比如:

(6) 军机低飞过少数民族库尔德人的村落,施放化学毒剂,使整个村子里的人——赤脚的农人、奶上吊着婴儿的女人手脚溃烂,双目失明,在死亡之前先行腐臭。

例(6)的破折号如果改换为冒号,则前后文意不连贯。

九、省 略 号

省略号标明文中省略的部分,或标明说话断断续续。省略号不该随便用:必须让对方知道的意思,决不能省略,那自然不需要省略号;不必让对方知道的意思,不说就算了,也不需要省略号。使用上要防治的毛病主要有:

滥用省略号

如果没有特殊需要,省略的部分不必用省略号标示。下面都是误用的例子:

*(1) 就是在我随意被人辱骂、踢打……的时候,我总是昂着头。我对自己说:"鲁迅先生是同我们一起的!"

*(2) 春花什么都没带,所需的日用杂品全都是娟姐到小卖部替她买来的:热水瓶、脸盆、毛巾、香皂、牙刷、手纸、镜子、剪刀……之类。

*(3) 73岁的萨马兰奇先生手捧大信封,正稳健地迈入专设的多功能新闻大厅。在这里,萨翁将亲自开启信封,向全世界揭示这一秘密……

例(1)定语和中心语之间不可能有这种停顿,不应用省略号。例(2)"之类"前头不需要用省略号。例(3)叙述已经结束,没有更多的言外之意,句末应改用句号。有的人在文章末尾喜欢用省略号,似乎多用省略号就可以造成余味无穷的效果,其实是想当然,因为"言有尽而意无穷"的表达效果光靠省略号是不能达成的。

用了省略号之后再不当地使用句号

在省略号之后,一般不用点号。但是也有特殊的情形:当句末表达强烈的语气或感情时,可在省略号后用问号或叹号。下面是误用的例子:

＊(1) 市场上摆满了各种瓜果:苹果、生梨、橘子、香蕉、葡萄、猕猴桃……。

＊(2) 他一边说一边走,后面的话我也没听清楚。他说:"这件事儿好办,明天下午咱们再……。"

例(1)、例(2)两句中,省略号后面的句号都当删去。

使用省略号时,叹号被不当地省略

句子的感叹语气,要借助叹号来显示。叹号如被省去,则这一特定的语气无从体现出来。比如:

＊(1) 敌对势力妄图颠覆我们的政权,我们与之势不两立……

＊(2) 嗟夫……何哉？不以物喜,不以己悲;居庙堂之高则忧其民;处江湖之远则忧其君。

例(1)省略不当。这个句子表达的语气十分强烈,故而省略号之前的叹号不能省略。例(2)"嗟夫"是表示感叹的语气词,后面的叹号不能省略,应该改为"嗟夫！……何哉？"。

省略号与"等""等等"连用

表示列举省略的"等""等等"之类词语之前,不宜再用省略号。例如:

＊(1) 宋庆龄、茅盾、周建人……等,都热心为本书撰稿和改稿。

＊（2）这次参加汇演的剧种很多，有京剧、越剧、粤剧、黄梅戏、河北梆子……等等。

＊（3）文学作品的题材是十分丰富的，历史故事、科学实验、现实斗争……等等，都是表现的对象。

＊（4）长久以来，"头衔"一直被认为是威信的象征。国王、女皇、公爵、大学校长、律师、医生……等等，无不显示了拥有这些称号的人的"特殊资格"以及权力，头衔具有使他人留下深刻印象的作用。

例（1）、例（2）省略号与"等"或"等等"连用是一种重复，两者只可取其一：或用"等""等等"，或用省略号。例（3）、例（4）也是画蛇添足。省略号和"等等"的表达功能相当，不能同时使用，应该删去其一。

小贴士

只占一个字位置的"…"，不能当作省略号来用。下面是误用的例子：

＊（1）请用"只有…才…"造句。

＊（2）英语中常用"compare...with.../to...（把…与…进行比较）"结构来表示比较。

例（1）应当改为"只有……才……"。例（2）应当改为"把……与……进行比较"。英文省略号的形式为"..."（齐线），中文省略号的形式为"……"（居中）。

当说及成对的关联词构成的某一句式时，两个关联词后头都要用上省略号，不能只用在第一个关联词的后头。下面是误用的例子：

＊假设复句是指前一分句提出一种假设,后一分句说明这种假设的结果的复句。假设复句搭配运用的关联词语有:"如果(假如、假使、倘若、要是)……就(那么、便、则)""即使(纵然、纵使、即便)……也""若是……那么""要是……则"等等。

例句在第二个关联词后还应加上省略号。

十、括　号

为了避免行文的主干与附属的注释性文字、补充说明性文字相混淆,可以将注释性文字、补充说明性文字放在括号里以示区别。句内括号用在句子中个别词语的后头,是对句子局部的解释;句外括号用在整个句子以至整个段落、文本的后头,是对句子、段落、文本全局的注释。括号在使用上常见的问题有:

句内括号位置错误

句内括号必须紧接在所注释的词或短语之后,而不能括在全句之后,也不能放在点号之后。下面是用错的例子:

＊(1) 小张一接到通知书就马上给小林看了(小张的未婚妻)。

＊(2) 那时她在这里参的军,(五十年代初),后来也就复员到这里来了。

＊(3) 他带我们去参观了城市发展陈列馆。(这里新建立的标志性建筑。)

＊(4) 如果国家主权遭到贬损或剥夺,个人的一切就将失去保障(包括人权在内)。

＊(5) 乘客可以免费带领一名身高1.3米(含1.3米)以下的儿童乘车,超过一名的按乘车人数购票。

＊(6) 古语云:"仓廪实而知礼节,衣食足而知荣辱。(《管子·牧民》)"政治的清明和文化的复兴必须具备一定的经济

基础。

*（7）当时笔者写了篇题为《"老戈"与"老齐"》的随笔回应读者,说这种用法可以接受(1990年2月9日《联合早报》言论版)。

例(1)的括号应紧接于"小林"之后。例(2)的括号应紧接在"那时"之后,不可有逗号隔开。例(3)当是句内括号,不可括在句外,括号内句号也当删除。例(4)括号位置不当。"(包括人权在内)"应当放在"一切"之后。例(5)"(含1.3米)"应该放在"以下"之后。例(6)"(《管子·牧民》)"应放在引号外。括号内容只是注释引用语的出处而非引用语,所以不能放在引号内。例(7)"(1990年2月9日《联合早报》言论版)"应放置在句号后头。

滥用括号

行文中不属于注释性的文字,就不必加括号。下面都是误用的例子:

*（1）各位住户（业主）:

现在已进入汛期,本市将受到明显的风雨影响。为了防患于未然,永福物业友情提醒各位住户（业主）进行安全自查,提高风险的管控能力。……

*（2）奋进新时代　志愿奉献爱

中共松江区九亭镇委员会　松江区九亭镇人民政府（宣）

*（3）拿一只小塑料袋（没有破损）,排去其中的空气,使它的两壁贴紧（口部不封合）。

*（4）在为洪承畴设立的灵堂上,洪母恸哭儿子松山就义,在悲痛中又有着对儿子死得其所、虽死犹荣的欣慰之情。那一段（反二黄）唱腔,内容丰富,既悲且壮,感人至深。

*（5）伊拉克空军所拥有的750架战斗机虽然大多数已事

先避入坚固的掩体而未遭损失,但在短时间内也很难升空作战(后来则干脆成批成批地飞往伊朗以躲避战事)。

例(1)是某物业公司的安民告示,要提醒的对象是住户(居住在一定区域内的家庭),而不管该住户是不是业主,因此"(业主)"是赘余,宜删去。例(2)是时政宣传栏的宣传语。宣传牌的发布部门后头的"宣"字是行文的一部分,而不是注释性或补充性的,因此不宜加括号。例(3)括号里的话应并入正文,尤其是第二个括号用得十分无理,因为它不属于注释性的文字。可以改成:

(3) 拿一只没有破损的小塑料袋,排去其中的空气,使它的两壁贴紧,口部不封合。

例(4)"反二黄"是京剧的一种唱腔,在行文中不必加括号。例(5)括号多余。因为括号内的内容与前面的文字衔接紧密,语意也连贯,加上括号后反而影响了表达的流畅性。应删除括号,并在"后来"前添加逗号。

句内括号的内部行文结束时误加句号

由于句内括号中的文字只是注释说明句中的某一部分,全句还没有结束,所以不能用句号。下面是使用不当的例子:

﹡(1) 1861年以后那拉氏(慈禧)曾经在这里搞"垂帘听政",(这是那拉氏直接掌管政权的一种形式。)指使曾国藩、李鸿章等,并勾结帝国主义,组织"洋枪队",镇压了太平天国革命。

﹡(2) 出版社除出了《读书生活》和《认识》两种杂志(均因抗战爆发而停刊。后一种好像只出了两期,现已少为人知,然而很有分量。)外,还出了若干译著。

﹡(3) 一千二百年过去了,那张长长的榜单上(就是传说中张继挤不进去的那张金榜。)曾经出现过的状元是谁?真正被记

得的名字是"张继"。

例(1)中第二个括号当紧接"垂帘听政",不可有逗号隔开,同时括号内句号当删,括号外用逗号。例(2),当句内括号的注释语有标点时,最后一个标点应去掉(问号、叹号除外)。本例中"分量"后头的句号应删去。例(3),句内括号的文字末尾,句号应该删去。

小贴士

括号的形式有圆括号"()"、方括号"[]"、六角括号"〔〕"和方头括号"【】"等。不同形式的括号,各有特定的使用场合。套用括号时,宜采用不同的括号形式配合使用。下面是使用不当的例子:

﹡提升基层党组织书记(高校基层党组织主要指二级院(系)的党组织和其他部门的党支部,下同)工作能力,拓宽选任渠道,扩大选任范围,加强教育培训。

这个句子的括号使用有两个问题:一是句内括号的位置不当,二是套用括号时没有采用括号的不同形式。可改为:

提升基层党组织〔高校基层党组织主要指二级院(系)的党组织和其他部门的党支部,下同〕书记工作能力,拓宽选任渠道,扩大选任范围,加强教育培训。

或者改为:

提升基层党组织(高校基层党组织主要指二级院〔系〕的党组织和其他部门的党支部,下同)书记工作能力,拓宽选任渠道,扩大选任范围,加强教育培训。

还有一点要说明的是,括号可以用来避免相邻的两个数字造成歧义的情况。比如:

国发〔2017〕3号文件

十一、书 名 号

书名号用来标明书名、篇名、报刊名等。另外,文件、报告以及影视、戏剧、歌曲、戏曲等艺术作品的名称一般也用书名号来标明。书名号是标示各种作品的名称的。有人建议将书名号径直称为"作品号"或"著作号",这是很有道理的。

一个常见的问题是,不该用书名号的地方误用了书名号。比如,课题、奖品奖状、商标、证照、组织机构、会议、活动等名称,不是作品名,均不应使用书名号。

书名号占了引号的位置

不要随意扩大书名号的使用范围。书面语中的差错主要是在一些专业性或专项性的名称上误加了书名号,如:

＊(1) 他想买的电脑牌子是《清华同方》。

＊(2) 报纸、电台发出的为《深圳中华武术基金会》举行首届有奖募捐活动的消息,在国内外引起了强烈反响,得到了各界的热情支持。

＊(3) 联邦德国一家航空工业发展公司首次用中国《长征》二号运载系统进行空间研究并获得成功。

例(1)、例(2)、例(3)这几句话里的书名号,都得改为引号。

＊(4) 李先生现在担任上海老年大学《学词入门与创作》班的主讲老师。

＊(5) 由新大桥中学的戴铭轩同学、夏侯耀欣同学共同研究的项目《基于西瓜虫仿生的多传感逃生梯设计》,从550个终

评项目中突出重围,获得青少年科技创新成果一等奖。

*(6) 随后,40名香港同学走进武小课堂,亲身体验了一节有趣的探究课《摸出来的旋律》。

例(4)中的书名号应改为引号,或径直删去。班级名称不应用书名号。例(5)中项目名称应该用引号,改为"基于西瓜虫仿生的多传感逃生梯设计"。例(6)中课题名称应该用引号,可改为"摸出来的旋律"。

*(7) 在《沈阳市"两优一先"表彰大会》上,市委常委、组织部部长刘桂香宣读了《关于表彰沈阳市优秀共产党员、优秀党务工作者、先进党组织的决定》。

例(7),会议名不是作品名称,不能加书名号。如果要用标点,可用引号,改为:

在"沈阳市'两优一先'表彰大会"上,市委常委、组织部部长刘桂香宣读了《关于表彰沈阳市优秀共产党员、优秀党务工作者、先进党组织的决定》。

另外,会议名称也可不用标点。

*(8) 袁朗参预制定衣冠事见《隋书》一二《礼仪志》"大业元年诏",《两唐书〈朗本传〉》未载。(陈寅恪《隋唐制度渊源略论稿》简体横排本)

*(9) 据了解,目前我省免费办理《植物检疫证书》。

*(10) 残疾军人凭本人《中华人民共和国残疾军人证》,离休干部凭本人《中华人民共和国老干部离休荣誉证》或《中国人民解放军离休干部荣誉证》,盲人凭本人《上海市盲人证》,革命烈士家属凭本人《上海市革命烈士家属优待证》,伤残警察凭《中华人民共和国伤残人民警察证》,可免费乘坐轨道交通。

*(11) 他在《翻译者》(《The Translator》)期刊上发表了题为"Translator and Humour: An Approach Based on the General

Theory of Verbal Humour"的文章。

例(8)中的"《两唐书〈朗本传〉》"应改为"两《唐书》朗本传"或者"两《唐书》朗本传"。"两《唐书》"指《旧唐书》和《新唐书》。例(9)、例(10)中的书名号,均应改为引号。例(11),《The Translator》应该去掉书名号,改为 *The Translator*。英文中没有书名号,是通过不同的格式来加以区分的。在夹用英文的中文文本中,英文书名、报刊名以斜体表示。

书名号的管辖范围不准确

下面几例也是书名号用得不妥的:

*(1) 众所周知,《庄子》研究是显学,也是热门学科,现存最早的注本是距今一千七百年前的《郭象庄子注》。

例(1)的"《郭象庄子注》"应当改为"郭象《庄子注》"。郭象是《庄子注》的作者,《庄子注》才是书名。

*(2)《汉语史学报(第二十辑)》

*(3)《现代汉语规范词典(第3版)》

*(4)《语言文字周报(学生版)》就是上海教育出版社编辑出版的《双语周刊》。

不同版本的说明,比如期刊的期号、合订本,图书的版次,报纸的版别等,不是出版物名称的一部分,一般可用括注的形式表明,放置在书名号的外头。例(2)、例(3)、例(4)的标点符号应分别改为:《汉语史学报》(第二十辑)、《现代汉语规范词典》(第3版)、《语言文字周报》(学生版)。

"题为……""以……为题"中书名号的误用

下面句子中标点的用法也值得注意:

(1) 他根据在座谈会上的发言写了一篇题为《有志者事竟

成》的文章。

（2）一个月以前给这家杂志社寄去一篇文章,题目是《不要让她们失望》,至今没有得到回音。

（3）"我的老母亲"这类题目,同学们也许都写过。但要写出新意,还得有生活积累。

（4）因张继一首题为"枫桥夜泊"的诗而名扬中外的姑苏城寒山寺,每年除夕听钟已成了传统节目。

例(1)、例(2)中的书名号,有人提出应当改用引号。这是错误的认识。2011版的《标点符号用法》附录B中,对此已有明确说明——"题为……""以……为题"中的"题",如果是诗文、图书、报告或其他作品可作为篇名、书名看待时,可用书名号。例(3)引号使用正确。例(4)中的引号当改作书名号,因为这是诗篇名。

＊（5）2006年,在由天津市社联、天津市语言学会共同主办的"第十九次理论创新论坛"上,我作了《把语言学研究引上常青之路》的主题报告,受到与会领导和专家的充分肯定。在天津市社联和天津图书馆联合举办的"天津历史文化行系列讲座"中,我分别作了《天津地名与地域文化》《从语言学角度论析天津地名》的学术报告。在"渤海名家大讲堂"先后作了《天津方言与地域文化》《天津方言与津味相声》的学术演讲。在《今晚报》推出"词义探幽"专栏,发表谈词语运用规范化文章数十篇。为纪念天津建城600周年,在《今晚报》《城市快报》上先后推出"天津地名漫话""天津卫老胡同"和"天津地名考"等专栏,发表地名语言方面的文章200多篇。

例(5)的引号与书名号混淆的问题比较多,可做如下校正:

2006年,在由天津市社联、天津市语言学会共同主办的"第十九次理论创新论坛"上,我作了"把语言学研究引上常青之路"的主题报告,受到与会领导和专家的充分肯定。在天津市社联

和天津图书馆联合举办的"天津历史文化行"系列讲座中,我分别作了"天津地名与地域文化""从语言学角度论析天津地名"的学术报告。在"渤海名家大讲堂"先后作了"天津方言与地域文化""天津方言与津味相声"的学术演讲。在《今晚报》推出《词义探幽》专栏,发表谈词语运用规范化文章数十篇。为纪念天津建城600周年,在《今晚报》《城市快报》上先后推出《天津地名漫话》《天津卫老胡同》和《天津地名考》等专栏,发表地名语言方面的文章200多篇。

也有人认为,《把语言学研究引上常青之路》等五处可看作作品名,因而可用书名号。可备一说。

一言以蔽之,凡是已经写成的或整理好的、创作好的作品,其名称都宜用书名号;如果只是准备以某一题目去写作、去创作的,这时的题目只是话题(有时亦兼作标题),那么就宜用引号。因为书名号是指向作品自身的,作品必须是已经存在的。

小贴士

行文中出版物的版本说明,也可以不加括号。比如《书名号的管辖范围不准确》一节中的例(2)、例(3)、例(4),就可以直接写成:《汉语史学报》第二十辑、《现代汉语规范词典》第3版、《语言文字周报》学生版。

使用括号标注引文等的出处时,版本说明的括号应该省略,否则造成括号套用,影响表达的明晰。比如:

(1) (《词误百析》第3版220页,上海教育出版社,2019)

法令、规定、方案、条例等文件名中的"草案""试行""试用稿"等,是文件名的一部分,因此一般放置在书名号的里头。比如:

(2) 《团体标准培育发展指导办法(征求意见稿)》

(3) 《中华人民共和国国家赔偿法修正案(草案)》

十二、连接号和间隔号

连接号是把相关的词语连成一体,表示它们是一个整体的意义单位。间隔号是表示一个整体意义单位内部的某种间隔。可以说,两者都是整体意义单位内部的标号,但用法是不同的。

误用连接号的不同形式

连接号标示某些关联成分的连接。2011 版《标点符号用法》规定,连接号的形式有一字线"—"、短横线(半字线)"-"和浪纹线"～"等三种,取消了旧版中的二字线(——)形式。用的时候要注意区分不同的情况。下面几句的连接号都有问题:

*(1) 青旅社 1 月——7 月住房率比去年同期增长 4‰。

*(2) 艾普尔——马克思公司是美国的一家市场咨询公司。

*(3) 回顾甲午战争以来日本侵略扩张的历史,可看出日本走的是"战争冒险-战争获益-战争再冒险"的畸形道路。

*(4) 从 1919 - 2019 年,重温共青团的发展历程

*(5) 5 月 27 日 - 28 日,集团在常熟宝武领导力发展中心召开了以"夯实基础、稳定发展"为主题的工作会议。

*(6) 2019 年 6 月,浙江成功举办首届中国——中东欧国家博览会暨国际消费品博览会,共吸引 8.2 万人参加。

*(7) 郑州——北京的高铁提速至每小时 350 公里,很多乘客纷纷点赞。

*(8) 这篇论文中图 1—6、图 2～5、表 3 - 3 基本与主旨没

什么关联,建议作者删去。

＊(9) 高邮路(湖南路-复兴西路)北往南单向封闭

例(1)的二字线连接号是错误的形式,须改作一字线或浪纹线为宜。例(2)的二字线改作短横线为好。连接两个或两个以上相关的并列名词、符号或人名,构成复合词时宜用短横线连接号。例(3)连接号的形式错误。几个相关的项目表示一个递进式、连续性的发展过程时,项目之间用连接号。这种用法的连接号宜用一字线形式,不用半字线。此句中的两个连接号形式都应该改为一字线。例(4)、例(5)连接号的形式错误。应将短横线改为一字线。例(4)还应把"从"字删除。标示时间的起讫点应该用一字线连接号。例(6)、例(7)的二字线改为一字线连接号。例(8)图表编号中连接号的形式均用短横线,本例应该改为"图1-6、图2-5、表3-3"。例(9)连接号使用不当,应改为一字线连接号,即"湖南路—复兴西路"。

间隔号与下脚点的混用

间隔号与顿号的用法不同。间隔号是标号,标示整体中各个成分的界限;顿号是句内点号,标示并列成分之间的短暂停顿。间隔号是一个小圆点"·",用在需要隔开的词语中间,位置居中。间隔号误用的情况不多,主要是位置问题。下面是几个误用的例子:

＊(1) 3月12日,华东政法大学附属松江实验学校举行了"华政附校的第一抹绿——3.12嘉德森林启动仪式暨植树节专题活动"。

＊(2) F•A•哈耶克:《致命的自负》

＊(3) 罗伯特•G•欧文斯

以月、日为标志的节日直接用阿拉伯数字表示时,月、日之

间均用间隔号。例(1)误用下脚点(该符号属于外文的标点符号),没有正确使用间隔号。"3.12嘉德森林启动仪式"应改为"3·12嘉德森林启动仪式",间隔号的位置居中。例(2)应改为"F.A.哈耶克",例(3)应改为"罗伯特·G.欧文斯"。外国人名中有用缩写字母的,缩写字母后面用下脚点。这个下脚点是缩写符号,不是间隔号。

下面的例子是间隔号误用的其他一些情形:

＊(1) 探讨语义·用法范畴,是语法研究中将形式和意义结合起来的有效方法。

＊(2) 荷兰阿姆斯特丹·鹿特丹银行北京代表办事处今天开业。

＊(3) 电视剧《辘轳·女人和井》正在热播中。

＊(4)《信息化·上海·2019》

例(1)、例(2)说的都是整体意义,间隔号都应该改作连接号,即短横线。例(3),间隔号不宜与"和"类连词并用,应改为《辘轳、女人和井》。例(4)是笔者在审稿中发现的一个书名。书的内容是讲截止到2019年上海市信息化发展的总体情况的。书名中的两个间隔号用得实在无理,让人难以理解。因为"信息化""上海""2019"在语义上并不是并列的关系,而是主从的关系,"信息化"是主,"上海"和"2019"是从,即"2019年上海的信息化"。书名不妨改为《信息化:上海2019》,让"信息化"成为话题,"上海"和"2019"成为说明。

小贴士

连接号(一字线、浪纹线)标示时间、地点、数值范围等的起止,可以读作"至"或"到"。

连接号(短横线)在标示产品型号时,常读作"杠"(gàng),也可不读出来。此外,连接号在个别行业(比如航空界)还有特殊读法。下面附两篇文章,以广见闻。

由"737-8"的读音想到的

2019年3月10日,埃塞俄比亚航空公司的一架波音737MAX型客机起飞后6分钟坠毁。3月17日,中国民航局航空安全办公室副巡视员周红接受央视采访,说及737-700系列、737-800系列,以及737-7、737-8等内容时,将"-"都读为"减",一时引发网友热议;有人甚至直言"读错了",因为这个读法大家没听过。

笔者恰巧当天也收看了这条电视新闻。央视播音员在播报时,碰到"737-8"读的都是"737杠8"。这与新闻中周红女士的"737减8"读法形成了鲜明的对比。一同看电视的家人也很疑惑,问我孰是孰非。

据报道,第二天(3月18日)北京青年报记者就此热点问题采访了多位航空业内人士,大家一致的说法是:"737-8"应读作"737减8",周红女士的念法没错。报道中还说,每个行业都可能有些外人不了解的独特"行规"。"每个行业都有自己的历史缘由,大家应该避免对自己不了解的领域过于武断地下结论。"

笔者认为,两种读法都是可以理解的,大可各行其是。

社会语言学中有一个言语社区理论,似可帮助说明这个问题。所谓言语社区,是指生活在一定地域、具有特定的文化背景和相似的生活方式、在交际过程中遵守相同言语规则的一群人。该社区成员在不同的社会情境中,灵活使用言语变体与其他成员进行交流,以便得到他们的认同。在中国航空业内部,作为行话或者说行规,把"737-8"读作"737减8",准确无误,可以避免

歧义。周红女士作为民航局的官员,自然可以按照行规来读"737-8"。

根据国家语文规范《标点符号用法》,产品型号"737-8"中的"-"是一种连接号。在面向社会大众时,把它读作"杠"自然也是无可厚非的。

语言是有弹性的,特定言语社区有选择语言变体的自由。非此即彼式的争论以至抬杠,有时可能只是"杠精"们的徒费口舌吧。

(原刊《语言文字周报》1832期,作者:吕治平)

不必苛求周红女士

行话,亦称行业语,是各行业为适应自身需要而创造、使用的词语或符号。航空业界是否也有一些特殊的行话呢?肯定有。比如"-"这个符号,在航空业界往往就读作"减"。

2019年3月17日,中国民航局航空安全办公室官员周红女士接受电视采访时,把波音737-700、737-800以及737-7、737-8等中的"-"读成了"减",一时引发广大网友的热议。《语言文字周报》1832期刊发吕治平先生的短论《由"737-8"的读音想到的》,为社会大众解疑答惑。文章认为,语言是有弹性的,特定言语社区有语言选择的自由。周红女士作为民航局的官员,自然可以按照行规来读"737-8",不应算作错。

孰料,此事虽已过去两月,话题却仍在发酵。有论者撰文说,周红女士把"-"读作"减"是"奇怪的读法",理由是:产品型号中的"-"要一律读作"杠";只要读的是"杠",那一定是短横线,不存在歧义问题。

我们认为,这个说法有点自说自话,是站不住脚的。因为在

实际语文生活中,当说话者对正在记录的听话人说到连接号"杠"时,少数听话人为谨慎起见,真的会问上一句:"是横杠,还是斜杠?"笔者就碰到过这样的情形。

那么,为什么航空业界对飞机型号中连接号"-"的读法非要别具一格呢?且听业界人士自己的解释。据媒体报道,中国航空学会理事张维则表示,在航空业界,飞机型号中连接号"-"的专业读法是"减",那是因为读"杠"会引起歧义,比如分不清是横杠还是斜杠。从"-"这个符号来讲,它并不是减去的意思,而是表示一个大型号的子型号,英文读dash。这就类似于军队里都把数字0读成"洞",把数字1读成"幺"。同样,中国民航网主任赵晓兵也表示,"737-8"中的"-"民航的叫法就是"减",这是民航通用说法。行业语言应该准确无误、简洁明了,避免产生歧义。产品型号中的"-"如被读作"杠",听话人头脑中可能会对应不同的形象(横杠、竖杠、斜杠);而读作"减",对应的则是唯一的形象。

3月17日央视新闻报道中插入记者对周红女士的采访,周红女士按照行业习惯把"737-8"读成"737减8"。听众只会感到诧异(没见过这么读的呀),而绝不会如论者所言"一头雾水"的。因为在播报这条新闻时,播音员当时一直读的都是"737杠8"。

平心而论,舆论似不必苛求周红女士。不过,无风不起浪。周女士的读法在当时引发了大众热议,说明行业人员在面向社会公众说话时,宜尽量少用行话,因为存在可能影响表达效果的问题。

(原刊《语言文字周报》1840期,作者:张锦秋)

十三、着重号、专名号和分隔号

着重号标明要求读者特别注意的字、词、句。专名号用来标示人名、地名、朝代名等专用名称,一般用在古籍和某些文史论著里面。分隔号的形式是"/",标示诗行、节拍及某些相关文字的分隔。这三种标点的主要误用情形如下:

滥用着重号

着重号在使用上要避免过滥。因为一段话或一篇文章里着重号用得多了,读者反而分不清哪儿是重点了。比如:

※大家发现,尽管他说这些话时非常真诚、自然、优雅,但听他这些话的人却大多显出迷惑不解乃至不安的神色。

这里的着重号没有必要添加。

通名误用专名号

使用专名号时要注意,不可把它标到有关的通名上。下面的标法是不对的:

※(1)<u>张树臻教授</u>承担的这个课题具有重大的科学价值。

※(2)<u>朱校长</u>是<u>河北省石家庄市</u>人。

例(1)"张树臻"是专名,"教授"不是专名,不可连及;例(2)中"校长""省""市"都非专名,不可连及而用专名号。

分隔号误成了反斜号

分隔号误用的情形主要是形式搞反了,误成反斜号"\"。

比如：

＊短诗《行走着的尸体》：以沉默的姿态\禅静成一棵树\有人在过往的路边哭泣\哦,那些行走着的尸体\吓坏了\一颗童心！

例句中分隔号的形式错误。诗歌接排时为分隔诗行,应使用分隔号"/",也可使用逗号或分号。分隔号又称正斜线号,须与反斜线号"\"相区别。(后者主要用作编写计算机程序的专门符号)

叁 标点符号的缺失和多余

每一个标点符号都有其独特的作用。少用或多用,都不妥当,会影响文意的准确表达,给阅读者造成大大小小的障碍。上述章节对此已多有涉及,但因为这个问题在标点符号误用中十分常见,因此有必要特别提出来集中地讨论一下。

一、标点符号的缺失

标点缺失,或者会影响句子意思的准确表达、句子结构的显豁呈现,或者会影响话语的语气、口气的顺利传递。比如:

*(1)"去那儿住下吧,只要你喜欢"她说,"去佛莱堡学习吧!"

*(2)对于袁野小朋友来说,人工鸟巢本身就像巨大的问号在吸引着她:小鸟会住进去吗?都有什么样的鸟,有多少鸟会住进去,住起来舒服吗?

*(3)孩子有了些微的进步,家长都应该为他点赞:"真棒""真聪明""很好,下次可以做得更好啊"。

例(1)缺少句号。"喜欢"之后应补加句号,表示一句话说完了。"去那儿住下吧,只要你喜欢"是完整的一句话,其结尾

不能丢掉句末点号。例(2)问号缺失。连续不同内容的问题,各句结尾都应用问号。本例的最后两个逗号均应改为问号。例(3)漏用了叹号。本例中,家长夸赞孩子的几句话,都含有强烈的感叹语气,所以应该在每个句子的后头加上叹号,来表示热烈的赞美语气,即:"真棒!""真聪明!""很好,下次可以做得更好啊!"

*(4) 上海市浦东新区康城学校四五年级的部分学生相聚在学校的小菜园,举行了新一轮蔬菜种植活动启动仪式。

*(5) 春节期间,省委领导看望了退居二三线的老同志。

相邻的数字连用表示简略语时,宜用顿号,使意思显豁。例(4)的"四五年级"是指四年级和五年级,应改为"四、五年级"。例(5)的"二三线"是"二线"和"三线"的简略说法,应在"二""三"之间加上顿号,改为"二、三线"。

*(6) 不同的人身上经常表现出来的本质的、稳定的心理特点各不相同;有的人有数学才能,对数字特别敏感;有的人有写作才能,才思泉涌;有的人有音乐才能,节奏感强等等。

*(7) 经过前期的精心准备,同学们创作出一张张构思独特、内容丰富的读书手抄报,美文欣赏、名人读书故事、好书推荐、读书名言等专栏令人眼前一亮。

例(6)分号缺失。这是一个总分复句,"等等"与前面的三个分句是并列关系,所以在"等等"前面要加分号。例(7)漏用书名号。栏目名称应该使用书名号,改为"《美文欣赏》《名人读书故事》《好书推荐》《读书名言》等专栏"。

*(8) i.e.是拉丁文 id est 的缩略形式,意思是"那就是"或"即"。英文中另一个常见的形式是 e.g.

*(9) "Is he exhausted?"的同义句是不是"Is he very tired?"

例(8)、例(9)都是中英文混排的文本,应该按照行文语种使

用标点符号。两例句子均缺少句末点号。例(8)"e.g."的"."只是缩略形式的标示,后一个"."不是整个中文句子的结束标志,整个句子的末尾应该补加中文句号。例(9)应该在句子末尾补加一个问号。

二、标点符号的多余

过犹不及。行文中多余的标点符号,既不符合语言的经济原则,也会阻滞句子语意的连贯,影响阅读与理解的效率。比如:

※(1) 李煜的词"问君能有几多愁?恰似一江春水向东流。"用"一江春水"比喻愁之多,愁之绵绵无尽,生动形象,概括性极强。

※(2) 演员孙飞虎饰演蒋介石,真是演绝了!我看了《西安事变》后,一直把电影中的蒋介石,当作真的蒋介石。

※(3) 只有在苦难中,微笑成长的人,才能最终战胜一切,登上人生的巅峰。

例(1)句内误用句末点号——句号。"东流"后的句号多余,应删去。"用"字前可加逗号。例(2)滥用标点。用逗号来标示句子内部的停顿,一方面是反映说话的停顿,另一方面也要符合语句结构的需要。"把""被""使"等词的后随成分是一气呵成的,其间不宜加入逗号。例(2)"把电影中的蒋介石"这个短语是"当作"的状语,它跟所修饰的中心语"当作"联系十分紧密。两者之间加上逗号,形成停顿,致使文意不连贯。"一直把电影中的蒋介石"后边的逗号应当删去。例(3)第一个逗号多余,中断了句子本来连贯的语气,应删去。

※(4) 歌中唱到:"这个水果多美丽!它是我的老师给我的……"这最后两句时,演奏者先弹奏手握的克哈玛克琴,然后弹奏艾克特拉琴。

※(5) 本省三位中年作家:叶蔚林、韩少功、彭建明在一起畅谈往事。

*(6) 朱熹四十九岁那年,上书建议朝廷重修白鹿洞书院,并亲自制定学规,提出:"博学之,审问之,慎思之,明辨之,笃行之"的治学方法。

*(7) 他竟狂妄到如此地步,以为鲁迅在文学史上立得住、立不住,可以由他一句话说了算。

例(4)"唱到……时"是一个结构,其中的冒号多余,应删去。例(5)冒号涵盖范围过宽,不妥当。修改的办法:或径直把冒号删去,或改为破折号。例(6)"提出"和后面的成分在结构上是连贯的,没有理由用冒号把它打断。冒号多余,宜删去。例(7)"立得住、立不住"正反连说表达一个意思,中间没有停顿,不能加顿号。

*(8) 国破山河在,城春草木深。——杜甫《春望》。

*(9) 印度音乐中的理论(拉格和塔拉、唱名法体系、"口传心授"的传承方法以及乐器的使用等特征。)在南亚各国的音乐中均以典型形式或非典型形式得以体现。

*(10) 上海书展上,我一口气买了一大堆世界文学名著,包括曹雪芹的《红楼梦》、司汤达的《红与黑》、马尔克斯的《百年孤独》,等等。

例(8)中"杜甫《春望》"不是句子,后面的句号应该删去。例(9)"特征"后的句号应删除。句内括号行文末尾可用问号、叹号和省略号,不用句号。例(10)"等等"前的逗号不当,应删去。并列成分之间都用顿号,那么表示省略的"等等"一类词语之前就不宜再用逗号。

*(11) 机动车驾驶人有下列违法行为之一,一次记12分:

(一)、驾驶与准驾车型不符的机动车的;

(二)、饮酒后驾驶机动车的;

(三)、驾驶营运客车(不包括公共汽车)、校车载人超过核

定人数20％以上的；

（四）、造成交通事故后逃逸，尚不构成犯罪的；

（五）、上道路行驶的机动车未悬挂机动车号牌的，或者故意遮挡、污损、不按规定安装机动车号牌的；

············

＊(12)"冲锋枪、机关枪、迫击炮、高射炮、……"孩子们参观兵器陈列馆时，一边看一边指着说。

例(11)，带括号的数字序次语后面不必加标点符号。本例中的五处有关顿号都应删去。改为：

(11) 机动车驾驶人有下列违法行为之一，一次记12分：

（一）驾驶与准驾车型不符的机动车的；

（二）饮酒后驾驶机动车的；

（三）驾驶营运客车(不包括公共汽车)、校车载人超过核定人数20％以上的；

（四）造成交通事故后逃逸，尚不构成犯罪的；

（五）上道路行驶的机动车未悬挂机动车号牌的，或者故意遮挡、污损、不按规定安装机动车号牌的；

············

例(12)列举省略时，文字都省略掉了，点号自然也用不着了。省略号之前的顿号应删除。

小贴士

两个逗号的删改

2004年3月通过的《中华人民共和国宪法修正案》对草案中涉及土地和私有财产征收、征用及补偿问题的条文删除了两个小小的逗号。为了删改这两个逗号，大会主席团曾向代表们提

交了450余字的解释和说明。

《宪法修正案(草案)》中的相关表述为:"国家为了公共利益的需要,可以依照法律规定对土地实行征收或者征用,并给予补偿。""国家为了公共利益的需要,可以依照法律规定对公民的私有财产实行征收或者征用,并给予补偿。"在审议时,点在两处"并给予补偿"前面的逗号引起了部分代表的疑虑。有意见认为,以上两处规定中的"依照法律规定",是只规范征收、征用行为,还是也规范补偿行为,应予明确。

大会主席团经研究认为,《宪法修正案(草案)》上述两处规定的本意是:"依照法律规定"既规范征收、征用行为,包括征收、征用的主体和程序,也规范补偿行为,包括补偿的项目和标准。为了避免理解上的歧义,建议在最终的定稿中将上述两处规定中"并给予补偿"前面的逗号删去,修改为:"国家为了公共利益的需要,可以依照法律规定对土地实行征收或者征用并给予补偿。""国家为了公共利益的需要,可以依照法律规定对公民的私有财产实行征收或者征用并给予补偿。"

全国人大代表、中国政法大学校长徐显明说:"这不是一个单纯语法上的问题,而是强调要清晰地表达立法原意。一个逗号之差,直接关系到公民、集体财产能否得到有力保护的问题。"

肆 标点符号在文稿中的位置

一、横排文稿标点符号的位置

(一) 点号的位置

1. 句号、逗号、顿号、分号、冒号均置于相应文字之后,占一个字位置,居左下,不出现在一行之首。

2. 问号、叹号均置于相应文字之后,占一个字位置,居左,不出现在一行之首。两个问号(或叹号)叠用时,占一个字位置;三个问号(或叹号)叠用时,占两个字位置;问号和叹号连用时,占一个字位置。

(二) 标号的位置

1. 引号、括号、书名号中的两部分标在相应项目的两端,各占一个字位置。其中前一半不出现在一行之末,后一半不出现在一行之首。

2. 破折号标在相应项目之间,占两个字位置,上下居中,不能中间断开分处上行之末和下行之首。

3. 省略号占两个字位置,两个省略号连用时占四个字位置并须单独占一行。省略号不能中间断开分处上行之末和下行之首。

4. 连接号中的短横线比汉字"一"略短,占半个字位置;一字线比汉字"一"略长,占一个字位置;浪纹线占一个字位置。连接号上下居中,不出现在一行之首。

5. 间隔号标在需要隔开的项目之间,占半个字位置,上下居中,不出现在一行之首。

6. 分隔号占半个字位置,不出现在一行之首或一行之末。

另外,要注意原则性与灵活性相结合。标点符号排在一行末尾时,若为全角字符则应占半角字符的宽度(即半个字位置),以使视觉效果更美观。在实际编辑出版工作中,为排版美观、方便阅读等需要,或为避免某一小节最后一个汉字转行或出现在另外一页开头等情况(浪费版面且视觉效果差),可适当压缩标点符号所占用的空间。

二、竖排文稿标点符号的位置

（一）点号的位置

句号、问号、叹号、逗号、顿号、分号和冒号均置于相应文字之下偏右。

（二）标号的位置

1. 破折号、省略号、连接号、间隔号和分隔号置于相应文字之下居中，上下方向排列。

2. 引号改用双引号"﹃""﹄"和单引号"﹁""﹂"，括号改用"︵""︶"，标在相应文字的上下。

3. 竖排文稿中使用浪线式书名号"﹏"，标在相应文字的左侧。

4. 着重号标在相应文字的右侧，专名号标在相应文字的左侧。

5. 横排文稿中关于某些标点不能居行首或行末的要求，同样适用于竖排文稿。

伍 标点符号的规定性与灵活性

有声语言被记录下来,就成了书面语。记录的手段主要是文字。标点符号是辅助文字来记录有声语言的,是书面语的一部分。比如,说话时长长短短的停顿、不同的语气等,在书面语中都要借助标点符号来传达。标点符号对书面语来说是不可或缺的工具。郭沫若有关标点的一段话说得好:"标点不正,则言不顺;文不正,则事不成。""标点之于言文有同等的重要,甚至有时还在其上。言文而无标点,在现今是等于人而无眉目。"(《沸羹集·正标点》)

有时,不正确配合运用不同功能的标点,就不能把比较复杂的意思说清楚,读者对文本的感觉是一片混乱。比如下面这个语段:

＊这些都是与祭祀有关的字,第一行是甲骨文、第二行是金文、第三行是小篆。先来认一认这九个古文字:第一个是"祭祀"的"祭",第二个是"祀",第三个是"福",古人认为"福"源自天神赐福,因此也与祭祀有关,下面是"祖宗"的"祖","祠堂"的"祠","祝贺"的"祝"和"社会"的"社",古代把祭祀土地神的地方称为"社",最后是"祈祷"的"祈"和"礼仪"的"礼"。

由于不能正确使用顿号、逗号、分号等句内点号,造成语段层次混乱。根据文意和语段的层次,这段话可以改为:

这些都是与祭祀有关的字。第一行是甲骨文,第二行是金

文,第三行是小篆。先来认一认这九个古文字:第一个是"祭祀"的"祭";第二个是"祀";第三个是"福",古人认为"福"源自天神赐福,因此也与祭祀有关;下面是"祖宗"的"祖"、"祠堂"的"祠"、"祝贺"的"祝"和"社会"的"社",古代把祭祀土地神的地方称为"社";最后是"祈祷"的"祈"和"礼仪"的"礼"。

运用标点符号,有一个原则须注意:规定性与灵活性相结合。一方面,每个标点都有一定的使用范围,我们要准确掌握每个不同标点的适用场合,甲是甲,乙是乙,不可混用,力争用得恰到好处。另一方面,要承认标点的使用具有一定的弹性,即有时是"两可"的情境,可变通使用——语句中有的地方可用这一种标点,也可改用另一种标点。

比如,破折号与冒号在表示提示下文、总结或说明上文时用法相同,因而可选择使用。看下面的一个句子:

什么头疼啦,什么有习题要做啦,什么跟人有约会啦——总之,他们不到会是有理由的。

其中的破折号表示总结上文,可以改用冒号。

再比如,顿号和逗号在使用上也有一定的灵活性。看下面的一个句子:

生死,肉体,灵魂,眼泪,悲叹,这些问题与感觉,在此地似乎太渺小了,在鲁迅的死的彼岸,还照耀着一道更伟大,更猛烈的寂光。

这是郁达夫《怀鲁迅》一文中的文字。按照今天的标点习惯,一些逗号完全可以改用顿号,改为:

生死、肉体、灵魂、眼泪、悲叹,这些问题与感觉,在此地似乎太渺小了,在鲁迅的死的彼岸,还照耀着一道更伟大、更猛烈的寂光。

又比如,点号递升递降的问题,也能体现出标点符号用法的

灵活性。一个句子内部,如果某个点号有了改变,那么其他点号也应随着发生相应的变化,即递升或递降。看下面的一个句子:

近代中国倡妇女解放者,多属男人;妇女出而自谋解放者,首推秋瑾。

如果两个分句内部的逗号去掉,那么分号也应改为低一级的逗号。

《标点符号用法》的规定里有"也用""也可用"某某标点之类的表述,比如"省略号之后通常也不用点号,但当句末表达强烈的语气或感情时,可在省略号后用问号或叹号"。为什么这么规定?这是因为语言文字的表达是复杂多样的,标点符号的使用也不可能是简单划一、非此即彼的,往往存在着"两可"的情形。用不用或用哪一个标点,有时是对与错的问题,有时则是比较好与不够好的问题。这就需要使用者根据具体的语境进行灵活的处理。如果规定得过于琐细、刻板,反而会限制标点符号作用的发挥。

附录一

中华人民共和国国家标准

GB/T 15834—2011
代替 GB/T 15834—1995

标点符号用法

General rules for punctuation

2011-12-30 发布　　　2012-06-01 实施

中华人民共和国国家质量监督检验检疫总局
中 国 国 家 标 准 化 管 理 委 员 会　发布

目　　次

前言 ·· 100
1　范围 ··· 102
2　术语和定义 ································· 102
3　标点符号的种类 ·························· 103
4　标点符号的定义、形式和用法 ······ 103
5　标点符号的位置和书写形式 ········ 124
附录A(规范性附录)　标点符号用法的补充规则 ······ 126
附录B(资料性附录)　标点符号若干用法的说明 ······ 133

前　　言

本标准按照 GB/T 1.1－2009 给出的规则起草。

本标准代替 GB/T 15834－1995，与 GB/T 15834－1995 相比，主要变化如下：

——根据我国国家标准编写规则（GB/T 1.1－2009），对本标准的编排和表述做了全面修改；

——更换了大部分示例，使之更简短、通俗、规范；

——增加了对术语"标点符号"和"语段"的定义（2.1/2.5）；

——对术语"复句"和"分句"的定义做了修改（2.3/2.4）；

——对句末点号（句号、问号、叹号）的定义做了修改，更强调句末点号与句子语气之间的关系（4.1.1/4.2.1/4.3.1）；

——对逗号的基本用法做了补充（4.4.3）；

——增加了不同形式括号用法的示例（4.9.3）；

——省略号的形式统一为六连点"……"，但在特定情况下允许连用（4.11）；

——取消了连接号中原有的二字线，将连接号形式规范为短横线"-"、一字线"—"和浪纹线"～"，并对三者的功能做了归并与划分（4.13）；

——明确了书名号的使用范围（4.15/A.13）；

——增加了分隔号的用法说明（4.17）；

——"标点符号的位置"一章的标题改为"标点符号的位置

和书写形式",并增加了使用中文输入软件处理标点符号时的相关规范(第5章);

——增加了"附录":附录A为规范性附录,主要说明标点符号不能怎样使用和对标点符号用法加以补充说明,以解决目前使用混乱或争议较大的问题。附录B为资料性附录,对功能有交叉的标点符号的用法做了区分,并对标点符号误用高发环境下的规范用法做了说明。

本标准由教育部语言文字信息管理司提出并归口。

本标准主要起草单位:北京大学。

本标准主要起草人:沈阳、刘妍、于泳波、翁姗姗。

本标准所代替标准的历次版本发布情况为:

——GB/T 15834 — 1995。

标点符号用法

1 范围

本标准规定了现代汉语标点符号的用法。

本标准适用于汉语的书面语(包括汉语和外语混合排版时的汉语部分)。

2 术语和定义

下列术语和定义适用于本文件。

2.1 标点符号 punctuation

辅助文字记录语言的符号,是书面语的有机组成部分,用来表示语句的停顿、语气以及标示某些成分(主要是词语)的特定性质和作用。

注:数学符号、货币符号、校勘符号、辞书符号、注音符号等特殊领域的专门符号不属于标点符号。

2.2 句子 sentence

前后都有较大停顿、带有一定的语气和语调、表达相对完整意义的语言单位。

2.3 复句 complex sentence

由两个或多个在意义上有密切关系的分句组成的语言单位,包括简单复句(内部只有一层语义关系)和多重复句(内部包

含多层语义关系）。

2.4 **分句** clause

复句内两个或多个前后有停顿、表达相对完整意义、不带有句末语气和语调、有的前面可添加关联词语的语言单位。

2.5 **语段** expression

指语言片段，是对各种语言单位（如词、短语、句子、复句等）不做特别区分时的统称。

3 标点符号的种类

3.1 **点号**

点号的作用是点断，主要表示停顿和语气。分为句末点号和句内点号。

3.1.1 句末点号

用于句末的点号，表示句末停顿和句子的语气。包括句号、问号、叹号。

3.1.2 句内点号

用于句内的点号，表示句内各种不同性质的停顿。包括逗号、顿号、分号、冒号。

3.2 **标号**

标号的作用是标明，主要标示某些成分（主要是词语）的特定性质和作用。包括引号、括号、破折号、省略号、着重号、连接号、间隔号、书名号、专名号、分隔号。

4 标点符号的定义、形式和用法

4.1 **句号**

4.1.1 定义

句末点号的一种，主要表示句子的陈述语气。

4.1.2 形式

句号的形式是"。"。

4.1.3 基本用法

4.1.3.1 用于句子末尾,表示陈述语气。使用句号主要根据语段前后有较大停顿、带有陈述语气和语调,并不取决于句子的长短。

示例1:北京是中华人民共和国的首都。

示例2:(甲:咱们走着去吧?)乙:好。

4.1.3.2 有时也可表示较缓和的祈使语气和感叹语气。

示例1:请您稍等一下。

示例2:我不由得感到,这些普通劳动者也同样是很值得尊敬的。

4.2 问号

4.2.1 定义

句末点号的一种,主要表示句子的疑问语气。

4.2.2 形式

问号的形式是"?"。

4.2.3 基本用法

4.2.3.1 用于句子末尾,表示疑问语气(包括反问、设问等疑问类型)。使用问号主要根据语段前后有较大停顿、带有疑问语气和语调,并不取决于句子的长短。

示例1:你怎么还不回家去呢?

示例2:难道这些普通的战士不值得歌颂吗?

示例3:(一个外国人,不远万里来到中国,帮助中国的抗日战争。)这是什么精神?这是国际主义的精神。

4.2.3.2 选择问句中,通常只在最后一个选项的末尾用问号,各个选项之间一般用逗号隔开。当选项较短且选项之间几

乎没有停顿时,选项之间可不用逗号。当选项较多或较长,或有意突出每个选项的独立性时,也可每个选项之后都用问号。

示例1:诗中记述的这场战争究竟是真实的历史描述,还是诗人的虚构?

示例2:这是巧合还是有意安排?

示例3:要一个什么样的结尾:现实主义的?传统的?大团圆的?荒诞的?民族形式的?有象征意义的?

示例4:(他看着我的作品称赞了我。)但到底是称赞我什么:是有几处画得好?还是什么都敢画?抑或只是一种对于失败者的无可奈何的安慰?我不得而知。

示例5:这一切都是由客观的条件造成的?还是由行为的惯性造成的?

4.2.3.3 在多个问句连用或表达疑问语气加重时,可叠用问号。通常应先单用,再叠用,最多叠用三个问号。在没有异常强烈的情感表达需要时不宜叠用问号。

示例:这就是你的做法吗?你这个总经理是怎么当的??你怎么竟敢这样欺骗消费者???

4.2.3.4 问号也有标号的用法,即用于句内,表示存疑或不详。

示例1:马致远(1250?—1321),大都人,元代戏曲家、散曲家。

示例2:钟嵘(?—518),颍川长社人,南朝梁代文学批评家。

示例3:出现这样的文字错误,说明作者(编者?校者?)很不认真。

4.3 叹号

4.3.1 定义

句末点号的一种,主要表示句子的感叹语气。

4.3.2 形式

叹号的形式是"!"。

4.3.3 基本用法

4.3.3.1 用于句子末尾,主要表示感叹语气,有时也可表示强烈的祈使语气、反问语气等。使用叹号主要根据语段前后有较大停顿、带有感叹语气和语调或带有强烈的祈使、反问语气和语调,并不取决于句子的长短。

示例1:才一年不见,这孩子都长这么高啦!

示例2:你给我住嘴!

示例3:谁知道他今天是怎么搞的!

4.3.3.2 用于拟声词后,表示声音短促或突然。

示例1:咔嚓!一道闪电划破了夜空。

示例2:咚!咚咚!突然传来一阵急促的敲门声。

4.3.3.3 表示声音巨大或声音不断加大时,可叠用叹号;表达强烈语气时,也可叠用叹号,最多叠用三个叹号。在没有异常强烈的情感表达需要时不宜叠用叹号。

示例1:轰!!在这天崩地塌的声音中,女娲猛然醒来。

示例2:我要揭露!我要控诉!!我要以死抗争!!!

4.3.3.4 当句子包含疑问、感叹两种语气且都比较强烈时(如带有强烈感情的反问句和带有惊愕语气的疑问句),可在问号后再加叹号(问号、叹号各一)。

示例1:这么点困难就能把我们吓倒吗?!

示例2:他连这些最起码的常识都不懂,还敢说自己是高科技人才?!

4.4 逗号

4.4.1 定义

句内点号的一种,表示句子或语段内部的一般性停顿。

4.4.2 形式

逗号的形式是","。

4.4.3 基本用法

4.4.3.1 复句内各分句之间的停顿,除了有时用分号(见4.6.3.1),一般都用逗号。

示例1:不是人们的意识决定人们的存在,而是人们的社会存在决定人们的意识。

示例2:学历史使人更明智,学文学使人更聪慧,学数学使人更精细,学考古使人更深沉。

示例3:要是不相信我们的理论能反映现实,要是不相信我们的世界有内在和谐,那就不可能有科学。

4.4.3.2 用于下列各种语法位置:

a) 较长的主语之后。

示例1:苏州园林建筑各种门窗的精美设计和雕镂功夫,都令人叹为观止。

b) 句首的状语之后。

示例2:在苍茫的大海上,狂风卷集着乌云。

c) 较长的宾语之前。

示例3:有的考古工作者认为,南方古猿生存于上新世至更新世的初期和中期。

d) 带句内语气词的主语(或其他成分)之后,或带句内语气词的并列成分之间。

示例4:他呢,倒是很乐意地、全神贯注地干起来了。

示例5:(那是个没有月亮的夜晚。)可是整个村子——白房顶啦,白树木啦,雪堆啦,全看得见。

e) 较长的主语中间、谓语中间或宾语中间。

示例6:母亲沉痛的诉说,以及亲眼见到的事实,都启发了我

幼年时期追求真理的思想。

示例7：那姑娘头戴一顶草帽,身穿一条绿色的裙子,腰间还系着一根橙色的腰带。

示例8：必须懂得,对于文化传统,既不能不分青红皂白统统抛弃,也不能不管精华糟粕全盘继承。

f) 前置的谓语之后或后置的状语、定语之前。

示例9：真美啊,这条蜿蜒的林间小路。

示例10：她吃力地站了起来,慢慢地。

示例11：我只是一个人,孤孤单单的。

4.4.3.3 用于下列各种停顿处：

a) 复指成分或插说成分前后。

示例1：老张,就是原来的办公室主任,上星期已经调走了。

示例2：车,不用说,当然是头等。

b) 语气缓和的感叹语、称谓语或呼唤语之后。

示例3：哎哟,这儿,快给我揉揉。

示例4：大娘,您到哪儿去啊?

示例5：喂,你是哪个单位的?

c) 某些序次语（"第"字头、"其"字头及"首先"类序次语）之后。

示例6：为什么许多人都有长不大的感觉呢?原因有三:第一,父母总认为自己比孩子成熟;第二,父母总要以自己的标准来衡量孩子;第三,父母出于爱心而总不想让孩子在成长的过程中走弯路。

示例7：《玄秘塔碑》之所以成为书法的范本,不外乎以下几方面的因素:其一,具有楷书点画、构体的典范性;其二,承上启下,成为唐楷的极致;其三,字如其人,爱人及字,柳公权高尚的书品、人品为后人所崇仰。

示例8：下面从三个方面讲讲语言的污染问题:首先,是特殊

语言环境中的语言污染问题;其次,是滥用缩略语引起的语言污染问题;再次,是空话和废话引起的语言污染问题。

4.5 顿号

4.5.1 定义

句内点号的一种,表示语段中并列词语之间或某些序次语之后的停顿。

4.5.2 形式

顿号的形式是"、"。

4.5.3 基本用法

4.5.3.1 用于并列词语之间。

示例1:这里有自由、民主、平等、开放的风气和氛围。

示例2:造型科学、技艺精湛、气韵生动,是盛唐石雕的特色。

4.5.3.2 用于需要停顿的重复词语之间。

示例:他几次三番、几次三番地辩解着。

4.5.3.3 用于某些序次语(不带括号的汉字数字或"天干地支"类序次语)之后。

示例1:我准备讲两个问题:一、逻辑学是什么? 二、怎样学好逻辑学?

示例2:风格的具体内容主要有以下四点:甲、题材;乙、用字;丙、表达;丁、色彩。

4.5.3.4 相邻或相近两数字连用表示概数通常不用顿号。若相邻两数字连用为缩略形式,宜用顿号。

示例1:飞机在6000米高空水平飞行时,只能看到两侧八九公里和前方一二十公里范围内的地面。

示例2:这种凶猛的动物常常三五成群地外出觅食和活动。

示例3:农业是国民经济的基础,也是二、三产业的基础。

4.5.3.5 标有引号的并列成分之间、标有书名号的并列成

分之间通常不用顿号。若有其他成分插在并列的引号之间或并列的书名号之间(如引语或书名号之后还有括注),宜用顿号。

示例1:"日""月"构成"明"字。

示例2:店里挂有"顾客就是上帝""质量就是生命"等横幅。

示例3:《红楼梦》《三国演义》《西游记》《水浒传》,是我国长篇小说的四大名著。

示例4:李白的"白发三千丈"(《秋浦歌》)、"朝如青丝暮成雪"(《将进酒》)都是脍炙人口的诗句。

示例5:办公室里订有《人民日报》(海外版)、《光明日报》和《时代周刊》等报刊。

4.6 分号

4.6.1 定义

句内点号的一种,表示复句内部并列关系分句之间的停顿,以及非并列关系的多重复句中第一层分句之间的停顿。

4.6.2 形式

分号的形式是";"。

4.6.3 基本用法

4.6.3.1 表示复句内部并列关系的分句(尤其当分句内部还有逗号时)之间的停顿。

示例1:语言文字的学习,就理解方面说,是得到一种知识;就运用方面说,是养成一种习惯。

示例2:内容有分量,尽管文章短小,也是有分量的;内容没有分量,即使写得再长也没有用。

4.6.3.2 表示非并列关系的多重复句中第一层分句(主要是选择、转折等关系)之间的停顿。

示例1:人还没看见,已经先听见歌声了;或者人已经转过山头望不见了,歌声还余音袅袅。

示例 2：尽管人民革命的力量在开始时总是弱小的,所以总是受压的;但是由于革命的力量代表历史发展的方向,因此本质上又是不可战胜的。

示例 3：不管一个人如何伟大,也总是生活在一定的环境和条件下;因此,个人的见解总难免带有某种局限性。

示例 4：昨天夜里下了一场雨,以为可以凉快些;谁知没有凉快下来,反而更热了。

4.6.3.3　用于分项列举的各项之间。

示例：特聘教授的岗位职责为:一、讲授本学科的主干基础课程;二、主持本学科的重大科研项目;三、领导本学科的学术队伍建设;四、带领本学科赶超或保持世界先进水平。

4.7　冒号

4.7.1　定义

句内点号的一种,表示语段中提示下文或总结上文的停顿。

4.7.2　形式

冒号的形式是":"。

4.7.3　基本用法

4.7.3.1　用于总说性或提示性词语(如"说""例如""证明"等)之后,表示提示下文。

示例 1：北京紫禁城有四座城门:午门、神武门、东华门和西华门。

示例 2：她高兴地说:"咱们去好好庆祝一下吧!"

示例 3：小王笑着点了点头:"我就是这么想的。"

示例 4：这一事实证明:人能创造环境,环境同样也能创造人。

4.7.3.2　表示总结上文。

示例：张华上了大学,李萍进了技校,我当了工人:我们都有美好的前途。

4.7.3.3 用在需要说明的词语之后,表示注释和说明。

示例1:(本市将举办首届大型书市。)主办单位:市文化局;承办单位:市图书进出口公司;时间:8月15日—20日;地点:市体育馆观众休息厅。

示例2:(做阅读理解题有两个办法。)办法之一:先读题干,再读原文,带着问题有针对性地读课文。办法之二:直接读原文,读完再做题,减少先入为主的干扰。

4.7.3.4 用于书信、讲话稿中称谓语或称呼语之后。

示例1:广平先生:……

示例2:同志们、朋友们:……

4.7.3.5 一个句子内部一般不应套用冒号。在列举式或条文式表述中,如不得不套用冒号时,宜另起段落来显示各个层次。

示例:第十条 遗产按照下列顺序继承:

第一顺序:配偶、子女、父母。

第二顺序:兄弟姐妹、祖父母、外祖父母。

4.8 引号

4.8.1 定义

标号的一种,标示语段中直接引用的内容或需要特别指出的成分。

4.8.2 形式

引号的形式有双引号""""和单引号"''"两种。左侧的为前引号,右侧的为后引号。

4.8.3 基本用法

4.8.3.1 标示语段中直接引用的内容。

示例:李白诗中就有"白发三千丈"这样极尽夸张的语句。

4.8.3.2 标示需要着重论述或强调的内容。

示例：这里所谓的"文"，并不是指文字，而是指文采。

4.8.3.3　标示语段中具有特殊含义而需要特别指出的成分，如别称、简称、反语等。

示例1：电视被称作"第九艺术"。

示例2：人类学上常把古人化石统称为尼安德特人，简称"尼人"。

示例3：有几个"慈祥"的老板把捡来的菜叶用盐浸浸就算作工友的菜肴。

4.8.3.4　当引号中还需要使用引号时，外面一层用双引号，里面一层用单引号。

示例：他问："老师，'七月流火'是什么意思？"

4.8.3.5　独立成段的引文如果只有一段，段首和段尾都用引号；不止一段时，每段开头仅用前引号，只在最后一段末尾用后引号。

示例：我曾在报纸上看到有人这样谈幸福：

"幸福是知道自己喜欢什么和不喜欢什么。……

"幸福是知道自己擅长什么和不擅长什么。……

"幸福是在正确的时间做了正确的选择。……"

4.8.3.6　在书写带月、日的事件、节日或其他特定意义的短语(含简称)时，通常只标引其中的月和日；需要突出和强调该事件或节日本身时，也可连同事件或节日一起标引。

示例1："5·12"汶川大地震

示例2："五四"以来的话剧，是我国戏剧中的新形式。

示例3：纪念"五四运动"90周年

4.9　括号

4.9.1　定义

标号的一种，标示语段中的注释内容、补充说明或其他特定

意义的语句。

4.9.2　形式

括号的主要形式是圆括号"(　)",其他形式还有方括号"[　]"、六角括号"〔　〕"和方头括号"【　】"等。

4.9.3　基本用法

4.9.3.1　标示下列各种情况,均用圆括号:

a) 标示注释内容或补充说明。

示例1:我校拥有特级教师(含已退休的)17人。

示例2:我们不但善于破坏一个旧世界,我们还将善于建设一个新世界!(热烈鼓掌)

b) 标示订正或补加的文字。

示例3:信纸上用稚嫩的字体写着:"阿夷(姨),你好!"。

示例4:该建筑公司负责的建设工程全部达到优良工程(的标准)。

c) 标示序次语。

示例5:语言有三个要素:(1)声音;(2)结构;(3)意义。

示例6:思想有三个条件:(一)事理;(二)心理;(三)伦理。

d) 标示引语的出处。

示例7:他说得好:"未画之前,不立一格;既画之后,不留一格。"(《板桥集·题画》)

e) 标示汉语拼音注音。

示例8:"的(de)"这个字在现代汉语中最常用。

4.9.3.2　标示作者国籍或所属朝代时,可用方括号或六角括号。

示例1:[英]赫胥黎《进化论与伦理学》

示例2:〔唐〕杜甫著

4.9.3.3　报刊标示电讯、报道的开头,可用方头括号。

示例:【新华社南京消息】

4.9.3.4 标示公文发文字号中的发文年份时,可用六角括号。

示例:国发〔2011〕3号文件

4.9.3.5 标示被注释的词语时,可用六角括号或方头括号。

示例1:〔奇观〕奇伟的景象。

示例2:【爱因斯坦】物理学家。生于德国,1933年因受纳粹政权迫害,移居美国。

4.9.3.6 除科技书刊中的数学、逻辑公式外,所有括号(特别是同一形式的括号)应尽量避免套用。必须套用括号时,宜采用不同的括号形式配合使用。

示例:〔茸(róng)毛〕很细很细的毛。

4.10 破折号

4.10.1 定义

标号的一种,标示语段中某些成分的注释、补充说明或语音、意义的变化。

4.10.2 形式

破折号的形式是"——"。

4.10.3 基本用法

4.10.3.1 标示注释内容或补充说明(也可用括号,见4.9.3.1;二者的区别另见B.1.7)。

示例1:一个矮小而结实的日本中年人——内山老板走了过来。

示例2:我一直坚持读书,想借此唤起弟妹对生活的希望——无论环境多么困难。

4.10.3.2 标示插入语(也可用逗号,见4.4.3.3)。

示例:这简直就是——说得不客气点——无耻的勾当!

4.10.3.3 标示总结上文或提示下文(也可用冒号,见4.7.3.1、

4.7.3.2)。

示例1:坚强,纯洁,严于律己,客观公正——这一切都难得地集中在一个人身上。

示例2:画家开始娓娓道来——

数年前的一个寒冬,……

4.10.3.4 标示话题的转换。

示例:"好香的干菜,——听到风声了吗?"赵七爷低声说道。

4.10.3.5 标示声音的延长。

示例:"嘎——"传过来一声水禽被惊动的鸣叫。

4.10.3.6 标示话语的中断或间隔。

示例1:"班长他牺——"小马话没说完就大哭起来。

示例2:"亲爱的妈妈,你不知道我多爱您。——还有你,我的孩子!"

4.10.3.7 标示引出对话。

示例:——你长大后想成为科学家吗?

——当然想了!

4.10.3.8 标示事项列举分承。

示例:根据研究对象的不同,环境物理学分为以下五个分支学科:

——环境声学;

——环境光学;

——环境热学;

——环境电磁学;

——环境空气动力学。

4.10.3.9 用于副标题之前。

示例:飞向太平洋

——我国新型号运载火箭发射目击记

4.10.3.10　用于引文、注文后,标示作者、出处或注释者。

示例1:先天下之忧而忧,后天下之乐而乐。

——范仲淹

示例2:乐浪海中有倭人,分为百余国。

——《汉书》

示例3:很多人写好信后把信笺折成方胜形,我看大可不必。(方胜,指古代妇女戴的方形首饰,用彩绸等制作,由两个斜方部分叠合而成。——编者注)

4.11　省略号

4.11.1　定义

标号的一种,标示语段中某些内容的省略及意义的断续等。

4.11.2　形式

省略号的形式是"……"。

4.11.3　基本用法

4.11.3.1　标示引文的省略。

示例:我们齐声朗诵起来:"……俱往矣,数风流人物,还看今朝。"

4.11.3.2　标示列举或重复词语的省略。

示例1:对政治的敏感,对生活的敏感,对性格的敏感,……这都是作家必须要有的素质。

示例2:他气得连声说:"好,好……算我没说。"

4.11.3.3　标示语意未尽。

示例1:在人迹罕至的深山密林里,假如突然看见一缕炊烟,……

示例2:你这样干,未免太……!

4.11.3.4　标示说话时断断续续。

示例:她磕磕巴巴地说:"可是……太太……我不知道……

你一定是认错了。"

4.11.3.5 标示对话中的沉默不语。

示例:"还没结婚吧?"

"……"他飞红了脸,更加忸怩起来。

4.11.3.6 标示特定的成分虚缺。

示例:只要……就……

4.11.3.7 在标示诗行、段落的省略时,可连用两个省略号(即相当于十二连点)。

示例1:从隔壁房间传来缓缓而抑扬顿挫的吟咏声——

床前明月光,疑是地上霜。

…………

示例2:该刊根据工作质量、上稿数量、参与程度等方面的表现,评选出了高校十佳记者站。还根据发稿数量、提供新闻线索情况以及对刊物的关注度等,评选出了十佳通讯员。

…………

4.12 着重号

4.12.1 定义

标号的一种,标示语段中某些重要的或需要指明的文字。

4.12.2 形式

着重号的形式是".",标注在相应文字的下方。

4.12.3 基本用法

4.12.3.1 标示语段中重要的文字。

示例1:诗人需要表现,而不是证明。

示例2:下面对本文的理解,不正确的一项是:……

4.12.3.2 标示语段中需要指明的文字。

示例:下边加点的字,除了在词中的读法外,还有哪些读法?

着急　子弹　强调

4.13 连接号

4.13.1 定义

标号的一种,标示某些相关联成分之间的连接。

4.13.2 形式

连接号的形式有短横线"-"、一字线"—"和浪纹线"～"三种。

4.13.3 基本用法

4.13.3.1 标示下列各种情况,均用短横线:

a) 化合物的名称或表格、插图的编号。

示例1:3-戊酮为无色液体,对眼及皮肤有强烈的刺激性。

示例2:参见下页表2-8、表2-9。

b) 连接号码,包括门牌号码、电话号码,以及用阿拉伯数字表示年月日等。

示例3:安宁里东路26号院3-2-11室

示例4:联系电话:010-88842603

示例5:2011-02-15

c) 在复合名词中起连接作用。

示例6:吐鲁番-哈密盆地

d) 某些产品的名称和型号。

示例7:WZ-10直升机具有复杂天气和夜间作战的能力。

e) 汉语拼音、外来语内部的分合。

示例8:shuōshuō-xiàoxiào(说说笑笑)

示例9:盎格鲁-撒克逊人

示例10:让-雅克·卢梭("让-雅克"为双名)

示例11:皮埃尔·孟戴斯-弗朗斯("孟戴斯-弗朗斯"为复姓)

4.13.3.2 标示下列各种情况,一般用一字线,有时也可用

浪纹线：

a) 标示相关项目(如时间、地域等)的起止。

示例1：沈括(1031 — 1095)，宋朝人。

示例2：2011年2月3日 — 10日

示例3：北京—上海特别旅客快车

b) 标示数值范围(由阿拉伯数字或汉字数字构成)的起止。

示例4：25～30g

示例5：第五～八课

4.14 间隔号

4.14.1 定义

标号的一种，标示某些相关联成分之间的分界。

4.14.2 形式

间隔号的形式是"·"。

4.14.3 基本用法

4.14.3.1 标示外国人名或少数民族人名内部的分界。

示例1：克里斯蒂娜·罗塞蒂

示例2：阿依古丽·买买提

4.14.3.2 标示书名与篇(章、卷)名之间的分界。

示例：《淮南子·本经训》

4.14.3.3 标示词牌、曲牌、诗体名等和题名之间的分界。

示例1：《沁园春·雪》

示例2：《天净沙·秋思》

示例3：《七律·冬云》

4.14.3.4 用在构成标题或栏目名称的并列词语之间。

示例4：《天·地·人》

4.14.3.5 以月、日为标志的事件或节日，用汉字数字表示时,只在一、十一和十二月后用间隔号；当直接用阿拉伯数字表

示时,月、日之间均用间隔号(半角字符)。

示例1:"九一八"事变 "五四"运动

示例2:"一·二八"事变 "一二·九"运动

示例3:"3·15"消费者权益日 "9·11"恐怖袭击事件

4.15　书名号

4.15.1　定义

标号的一种,标示语段中出现的各种作品的名称。

4.15.2　形式

书名号的形式有双书名号"《 》"和单书名号"〈 〉"两种。

4.15.3　基本用法

4.15.3.1　标示书名、卷名、篇名、刊物名、报纸名、文件名等。

示例1:《红楼梦》(书名)

示例2:《史记·项羽本纪》(卷名)

示例3:《论雷峰塔的倒掉》(篇名)

示例4:《每周关注》(刊物名)

示例5:《人民日报》(报纸名)

示例6:《全国农村工作会议纪要》(文件名)

4.15.3.2　标示电影、电视、音乐、诗歌、雕塑等各类用文字、声音、图像等表现的作品的名称。

示例1:《渔光曲》(电影名)

示例2:《追梦录》(电视剧名)

示例3:《勿忘我》(歌曲名)

示例4:《沁园春·雪》(诗词名)

示例5:《东方欲晓》(雕塑名)

示例6:《光与影》(电视节目名)

示例7:《社会广角镜》(栏目名)

示例8:《庄子研究文献数据库》(光盘名)

示例9:《植物生理学系列挂图》(图片名)

4.15.3.3 标示全中文或中文在名称中占主导地位的软件名。

示例:科研人员正在研制《电脑卫士》杀毒软件。

4.15.3.4 标示作品名的简称。

示例:我读了《念青唐古拉山脉纪行》一文(以下简称《念》),收获很大。

4.15.3.5 当书名号中还需要书名号时,里面一层用单书名号,外面一层用双书名号。

示例:《教育部关于提请审议〈高等教育自学考试试行办法〉的报告》

4.16 专名号

4.16.1 定义

标号的一种,标示古籍和某些文史类著作中出现的特定类专有名词。

4.16.2 形式

专名号的形式是一条直线,标注在相应文字的下方。

4.16.3 基本用法

4.16.3.1 标示古籍、古籍引文或某些文史类著作中出现的专有名词,主要包括人名、地名、国名、民族名、朝代名、年号、宗教名、官署名、组织名等。

示例1:<u>孙坚</u>人马被<u>刘表</u>率军围得水泄不通。(人名)

示例2:于是聚集<u>冀</u>、<u>青</u>、<u>幽</u>、<u>并</u>四州兵马七十多万准备决一死战。(地名)

示例3:当时<u>乌孙</u>及西域各国都向<u>汉</u>派遣了使节。(国名、朝代名)

示例 4: 从咸宁二年到太康十年,匈奴、鲜卑、乌桓等族人徙居塞内。(年号、民族名)

4.16.3.2 现代汉语文本中的上述专有名词,以及古籍和现代文本中的单位名、官职名、事件名、会议名、书名等不应使用专名号。必须使用标号标示时,宜使用其他相应标号(如引号、书名号等)。

4.17 分隔号

4.17.1 定义

标号的一种,标示诗行、节拍及某些相关文字的分隔。

4.17.2 形式

分隔号的形式是"/"。

4.17.3 基本用法

4.17.3.1 诗歌接排时分隔诗行(也可使用逗号和分号,见4.4.3.1/4.6.3.1)。

示例: 春眠不觉晓/处处闻啼鸟/夜来风雨声/花落知多少。

4.17.3.2 标示诗文中的音节节拍。

示例: 横眉/冷对/千夫指,俯首/甘为/孺子牛。

4.17.3.3 分隔供选择或可转换的两项,表示"或"。

示例: 动词短语中除了作为主体成分的述语动词之外,还包括述语动词所带的宾语和/或补语。

4.17.3.4 分隔组成一对的两项,表示"和"。

示例 1: 13/14 次特别快车

示例 2: 羽毛球女双决赛中国组合杜婧/于洋两局完胜韩国名将李孝贞/李敬元。

4.17.3.5 分隔层级或类别。

示例: 我国的行政区划分为:省(直辖市、自治区)/省辖市(地级市)/县(县级市、区、自治州)/乡(镇)/村(居委会)。

5 标点符号的位置和书写形式

5.1 横排文稿标点符号的位置和书写形式

5.1.1 句号、逗号、顿号、分号、冒号均置于相应文字之后,占一个字位置,居左下,不出现在一行之首。

5.1.2 问号、叹号均置于相应文字之后,占一个字位置,居左,不出现在一行之首。两个问号(或叹号)叠用时,占一个字位置;三个问号(或叹号)叠用时,占两个字位置;问号和叹号连用时,占一个字位置。

5.1.3 引号、括号、书名号中的两部分标在相应项目的两端,各占一个字位置。其中前一半不出现在一行之末,后一半不出现在一行之首。

5.1.4 破折号标在相应项目之间,占两个字位置,上下居中,不能中间断开分处上行之末和下行之首。

5.1.5 省略号占两个字位置,两个省略号连用时占四个字位置并须单独占一行。省略号不能中间断开分处上行之末和下行之首。

5.1.6 连接号中的短横线比汉字"一"略短,占半个字位置;一字线比汉字"一"略长,占一个字位置;浪纹线占一个字位置。连接号上下居中,不出现在一行之首。

5.1.7 间隔号标在需要隔开的项目之间,占半个字位置,上下居中,不出现在一行之首。

5.1.8 着重号和专名号标在相应文字的下边。

5.1.9 分隔号占半个字位置,不出现在一行之首或一行之末。

5.1.10 标点符号排在一行末尾时,若为全角字符则应占半角字符的宽度(即半个字位置),以使视觉效果更美观。

5.1.11 在实际编辑出版工作中,为排版美观、方便阅读等

需要,或为避免某一小节最后一个汉字转行或出现在另外一页开头等情况(浪费版面及视觉效果差),可适当压缩标点符号所占用的空间。

5.2 竖排文稿标点符号的位置和书写形式

5.2.1 句号、问号、叹号、逗号、顿号、分号和冒号均置于相应文字之下偏右。

5.2.2 破折号、省略号、连接号、间隔号和分隔号置于相应文字之下居中,上下方向排列。

5.2.3 引号改用双引号"﹁""﹂"和单引号"﹃""﹄",括号改用"︵""︶",标在相应项目的上下。

5.2.4 竖排文稿中使用浪线式书名号"︳",标在相应文字的左侧。

5.2.5 着重号标在相应文字的右侧,专名号标在相应文字的左侧。

5.2.6 横排文稿中关于某些标点不能居行首或行末的要求,同样适用于竖排文稿。

附　录　A

（规范性附录）

标点符号用法的补充规则

A.1　句号用法补充规则

图或表的短语式说明文字,中间可用逗号,但末尾不用句号。即使有时说明文字较长,前面的语段已出现句号,最后结尾处仍不用句号。

示例1：行进中的学生方队

示例2：经过治理,本市市容市貌焕然一新。这是某区街道一景

A.2　问号用法补充规则

使用问号应以句子表示疑问语气为依据,而并不根据句子中包含有疑问词。当含有疑问词的语段充当某种句子成分,而句子并不表示疑问语气时,句末不用问号。

示例1：他们的行为举止、审美趣味,甚至读什么书,坐什么车,都在媒体掌握之中。

示例2：谁也不见,什么也不吃,哪儿也不去。

示例3：我也不知道他究竟躲到什么地方去了。

A.3　逗号用法补充规则

用顿号表示较长、较多或较复杂的并列成分之间的停顿时,

最后一个成分前可用"以及(及)"进行连接,"以及(及)"之前应用逗号。

示例:压力过大、工作时间过长、作息不规律,以及忽视营养均衡等,均会导致健康状况的下降。

A.4 顿号用法补充规则

A.4.1 表示含有顺序关系的并列各项间的停顿,用顿号,不用逗号。下例解释"对于"一词用法,"人""事物""行为"之间有顺序关系(即人和人、人和事物、人和行为、事物和事物、事物和行为、行为和行为等六种对待关系),各项之间应用顿号。

示例:〔对于〕表示人,事物,行为之间的相互对待关系。(误)
　　　〔对于〕表示人、事物、行为之间的相互对待关系。(正)

A.4.2 用阿拉伯数字表示年月日的简写形式时,用短横线连接号,不用顿号。

示例:2010、03、02(误)
　　　2010-03-02(正)

A.5 分号用法补充规则

分项列举的各项有一项或多项已包含句号时,各项的末尾不能再用分号。

示例:本市先后建立起三大农业生产体系:一是建立甘蔗生产服务体系。成立糖业服务公司,主要给农民提供机耕等服务;二是建立蚕桑生产服务体系。……;三是建立热作服务体系。……。(误)

本市先后建立起三大农业生产体系:一是建立甘蔗生产服务体系。成立糖业服务公司,主要给农民提供机耕等服务。二是建立蚕桑生产服务体系。……。三是建立热作服务体系。……。(正)

A.6 冒号用法补充规则

A.6.1 冒号用在提示性话语之后引起下文。表面上类似但实际不是提示性话语的,其后用逗号。

示例1:郦道元《水经注》记载:"沼西际山枕水,有唐叔虞祠。"(提示性话语)

示例2:据《苏州府志》载,苏州城内大小园林约有150多座,可算名副其实的园林之城。(非提示性话语)

A.6.2 冒号提示范围无论大小(一句话、几句话甚至几段话),都应与提示性话语保持一致(即在该范围的末尾要用句号点断)。应避免冒号涵盖范围过窄或过宽。

示例:艾滋病有三个传播途径:血液传播,性传播和母婴传播,日常接触是不会传播艾滋病的。(误)

　　　艾滋病有三个传播途径:血液传播,性传播和母婴传播。日常接触是不会传播艾滋病的。(正)

A.6.3 冒号应用在有停顿处,无停顿处不应用冒号。

示例1:他头也不抬,冷冷地问:"你叫什么名字?"(有停顿)

示例2:这事你得拿主意,光说"不知道"怎么行?(无停顿)

A.7 引号用法补充规则

"丛刊""文库""系列""书系"等作为系列著作的选题名,宜用引号标引。当"丛刊"等为选题名的一部分时,放在引号之内,反之则放在引号之外。

示例1:"汉译世界学术名著丛书"

示例2:"中国哲学典籍文库"

示例3:"20世纪心理学通览"丛书

A.8　括号用法补充规则

括号可分为句内括号和句外括号。句内括号用于注释句子里的某些词语,即本身就是句子的一部分,应紧跟在被注释的词语之后。句外括号则用于注释句子、句群或段落,即本身结构独立,不属于前面的句子、句群或段落,应位于所注释语段的句末点号之后。

示例:标点符号是辅助文字记录语言的符号,是书面语的有机组成部分,用来表示语句的停顿、语气以及标示某些成分(主要是词语)的特定性质和作用。(数学符号、货币符号、校勘符号等特殊领域的专门符号不属于标点符号。)

A.9　省略号用法补充规则

A.9.1　不能用多于两个省略号(多于12点)连在一起表示省略。省略号须与多点连续的连珠号相区别(后者主要是用于表示目录中标题和页码对应和连接的专门符号)。

A.9.2　省略号和"等""等等""什么的"等词语不能同时使用。在需要读出来的地方用"等""等等""什么的"等词语,不用省略号。

示例:含有铁质的食物有猪肝、大豆、油菜、菠菜……等。(误)
　　　含有铁质的食物有猪肝、大豆、油菜、菠菜等。(正)

A.10　着重号用法补充规则

不应使用文字下加直线或波浪线等形式表示着重。文字下加直线为专名号形式(4.16);文字下加浪纹线是特殊书名号(A.13.6)。着重号的形式统一为相应项目下加小圆点。

示例:下面对本文的理解,不正确的一项是(误)
　　　下面对本文的理解,不正确的一项是(正)

A.11 连接号用法补充规则

浪纹线连接号用于标示数值范围时,在不引起歧义的情况下,前一数值附加符号或计量单位可省略。

示例:5公斤～100公斤(正)

5～100公斤(正)

A.12 间隔号用法补充规则

当并列短语构成的标题中已用间隔号隔开时,不应再用"和"类连词。

示例:《水星·火星和金星》(误)

《水星·火星·金星》(正)

A.13 书名号用法补充规则

A.13.1 不能视为作品的课程、课题、奖品奖状、商标、证照、组织机构、会议、活动等名称,不应用书名号。下面均为书名号误用的示例:

示例1:下学期本中心将开设《现代企业财务管理》《市场营销》两门课程。

示例2:明天将召开《关于"两保两挂"的多视觉理论思考》课题立项会。

示例3:本市将向70岁以上(含70岁)老年人颁发《敬老证》。

示例4:本校共获得《最佳印象》《自我审美》《卡拉OK》等六个奖杯。

示例5:《闪光》牌电池经久耐用。

示例6:《文史杂志社》编辑力量比较雄厚。

示例7:本市将召开《全国食用天然色素应用研讨会》。

示例8:本报将于今年暑假举行《墨宝杯》书法大赛。

A.13.2 有的名称应根据指称意义的不同确定是否用书名号。如文艺晚会指一项活动时,不用书名号;而特指一种节目名称时,可用书名号。再如展览作为一种文化传播的组织形式时,不用书名号;特定情况下将某项展览作为一种创作的作品时,可用书名号。

示例1:2008年重阳联欢晚会受到观众的称赞和好评。

示例2:本台将重播《2008年重阳联欢晚会》。

示例3:"雪域明珠——中国西藏文化展"今天隆重开幕。

示例4:《大地飞歌艺术展》是一部大型现代艺术作品。

A.13.3 书名后面表示该作品所属类别的普通名词不标在书名号内。

示例:《我们》杂志

A.13.4 书名有时带有括注。如果括注是书名、篇名等的一部分,应放在书名号之内,反之则应放在书名号之外。

示例1:《琵琶行(并序)》

示例2:《中华人民共和国民事诉讼法(试行)》

示例3:《新政治协商会议筹备会组织条例(草案)》

示例4:《百科知识》(彩图本)

示例5:《人民日报》(海外版)

A.13.5 书名、篇名末尾如有叹号或问号,应放在书名号之内。

示例1:《日记何罪!》

示例2:《如何做到同工又同酬?》

A.13.6 在古籍或某些文史类著作中,为与专名号配合,书名号也可改用浪线式"﹏",标注在书名下方。这可以看作是特殊的专名号或特殊的书名号。

A.14　分隔号用法补充规则

分隔号又称正斜线号,须与反斜线号"\"相区别(后者主要是用于编写计算机程序的专门符号)。使用分隔号时,紧贴着分隔号的前后通常不用点号。

附　录　B

（资料性附录）

标点符号若干用法的说明

B.1 易混标点符号用法比较

B.1.1 逗号、顿号表示并列词语之间停顿的区别

逗号和顿号都表示停顿，但逗号表示的停顿长，顿号表示的停顿短。并列词语之间的停顿一般用顿号，但当并列词语较长或其后有语气词时，为了表示稍长一点的停顿，也可用逗号。

示例1：我喜欢吃的水果有苹果、桃子、香蕉和菠萝。

示例2：我们需要了解全局和局部的统一，必然和偶然的统一，本质和现象的统一。

示例3：看游记最难弄清位置和方向，前啊，后啊，左啊，右啊，看了半天，还是不明白。

B.1.2 逗号、顿号在表列举省略的"等""等等"之类词语前的使用

并列成分之间用顿号，末尾的并列成分之后用"等""等等"之类词语时，"等"类词前不用顿号或其他点号；并列成分之间用逗号，末尾的并列成分之后用"等"类词时，"等"类词前应用逗号。

示例1：现代生物学、物理学、化学、数学等基础科学的发展，带动了医学科学的进步。

示例2：写文章前要想好，文章主题是什么，用哪些材料，哪

些详写,哪些略写,等等。

B.1.3 逗号、分号表示分句间停顿的区别

当复句的表述不复杂、层次不多,相连的分句语气比较紧凑,分句内部也没有使用逗号表示停顿时,分句间的停顿多用逗号。当用逗号不易分清多重复句内部的层次(如分句内部已有逗号),而用句号又可能割裂前后关系的地方,应用分号表示停顿。

示例1:她拿起钥匙,开了箱上的锁,又开了首饰盒上的锁,往老地方放钱。

示例2:纵比,即以一事物的各个发展阶段作比;横比,则以此事物与彼事物相比。

B.1.4 顿号、逗号、分号在标示层次关系时的区别

句内点号中,顿号表示的停顿最短、层次最低,通常只能表示并列词语之间的停顿;分号表示的停顿最长、层次最高,可以用来表示复句的第一层分句之间的停顿;逗号介于两者之间,既可表示并列词语之间的停顿,也可表示复句中分句之间的停顿。若分句内部已用逗号,分句之间就应用分号(见 B.1.3 示例2)。用分号隔开的几个并列分句不能由逗号统领或总结。

示例1:有的学会烤烟,自己做挺讲究的纸烟和雪茄;有的学会蔬菜加工,做的番茄酱能吃到冬天;有的学会蔬菜腌渍、窖藏,使秋菜接上春菜。

示例2:动物吃植物的方式多种多样,有的是把整个植物吃掉,如原生动物;有的是把植物的大部分吃掉,如鼠类;有的是吃掉植物的要害部位,如鸟类吃掉植物的嫩芽。(误)

　　　　动物吃植物的方式多种多样:有的是把整个植物吃掉,如原生动物;有的是把植物的大部分吃掉,如鼠类;有的是吃掉植物的要害部位,如鸟类吃掉植物的嫩芽。(正)

B.1.5 冒号、逗号用于"说""道"之类词语后的区别

位于引文之前的"说""道"后用冒号。位于引文之后的"说""道"分两种情况:处于句末时,其后用句号;"说""道"后还有其他成分时,其后用逗号。插在话语中间的"说""道"类词语后只能用逗号表示停顿。

示例1:他说:"晚上就来家里吃饭吧。"

示例2:"我真的很期待。"他说。

示例3:"我有件事忘了说……"他说,表情有点为难。

示例4:"现在请皇上脱下衣服,"两个骗子说,"好让我们为您换上新衣。"

B.1.6 不同点号表示停顿长短的排序

各种点号都表示说话时的停顿。句号、问号、叹号都表示句子完结,停顿最长。分号用于复句的分句之间,停顿长度介于句末点号和逗号之间,而短于冒号。逗号表示一句话中间的停顿,又短于分号。顿号用于并列词语之间,停顿最短。通常情况下,各种点号表示的停顿由长到短为:句号=问号=叹号>冒号(指涵盖范围为一句话的冒号)>分号>逗号>顿号。

B.1.7 破折号与括号表示注释或补充说明时的区别

破折号用于表示比较重要的解释说明,这种补充是正文的一部分,可与前后文连读;而括号表示比较一般的解释说明,只是注释而非正文,可不与前后文连读。

示例1:在今年——农历虎年,必须取得比去年更大的成绩。

示例2:哈雷在牛顿思想的启发下,终于认出了他所关注的彗星(该星后人称为哈雷彗星)。

B.1.8 书名号、引号在"题为……""以……为题"格式中的使用

"题为……""以……为题"中的"题",如果是诗文、图书、报

告或其他作品可作为篇名、书名看待时,可用书名号;如果是写作、科研、辩论、谈话的主题,非特定作品的标题,应用引号。即"题为……""以……为题"中的"题"应根据其类别分别按书名号和引号的用法处理。

示例1:有篇题为《柳宗元的诗》的文章,全文才2000字,引文不实却达11处之多。

示例2:今天一个以"地球・人口・资源・环境"为题的大型宣传活动在此间举行。

示例3:《我的老师》写于1956年9月,是作者应《教师报》之约而写的。

示例4:"我的老师"这类题目,同学们也许都写过。

B.2 两个标点符号连用的说明

B.2.1 行文中表示引用的引号内外的标点用法

当引文完整且独立使用,或虽不独立使用但带有问号或叹号时,引号内句末点号应保留。除此之外,引号内不用句末点号。当引文处于句子停顿处(包括句子末尾)且引号内未使用点号时,引号外应使用点号;当引文位于非停顿处或者引号内已使用句末点号时,引号外不用点号。

示例1:"沉舟侧畔千帆过,病树前头万木春。"他最喜欢这两句诗。

示例2:书价上涨令许多读者难以接受,有些人甚至发出"还买得起书吗?"的疑问。

示例3:他以"条件还不成熟,准备还不充分"为由,否决了我们的提议。

示例4:你这样"明日复明日"地要拖到什么时候?

示例5:司马迁为了完成《史记》的写作,使之"藏之名山",忍

受了人间最大的侮辱。

示例6：在施工中要始终坚持"把质量当生命"。

示例7："言之无文，行而不远"这句话，说明了文采的重要。

示例8：俗话说："墙头一根草，风吹两边倒。"用这句话来形容此辈再恰当不过。

B.2.2　行文中括号内外的标点用法

括号内行文末尾需要时可用问号、叹号和省略号。除此之外，句内括号行文末尾通常不用标点符号。句外括号行文末尾是否用句号由括号内的语段结构决定：若语段较长、内容复杂，应用句号。句内括号外是否用点号取决于括号所处位置：若句内括号处于句子停顿处，应用点号。句外括号外通常不用点号。

示例1：如果不采取（但应如何采取呢?）十分具体的控制措施，事态将进一步扩大。

示例2：3分钟过去了（仅仅才3分钟!），从眼前穿梭而过的出租车竟达32辆!

示例3：她介绍时用了一连串比喻（有的状如树枝，有的貌似星海……），非常形象。

示例4：科技协作合同（包括科研、试制、成果推广等）根据上级主管部门或有关部门的计划签订。

示例5：应把夏朝看作原始公社向奴隶制国家过渡时期。（龙山文化遗址里，也有俯身葬。俯身者很可能就是奴隶。）

示例6：问：你对你不喜欢的上司是什么态度?

答：感情上疏远，组织上服从。（掌声，笑声）

示例7：古汉语（特别是上古汉语），对于我来说，有着常人无法想象的吸引力。

示例8：由于这种推断尚未经过实践的考验，我们只能把它作为假设（或假说）提出来。

示例 9：人际交往过程就是使用语词传达意义的过程。（严格说，这里的"语词"应为语词指号。）

B.2.3　破折号前后的标点用法

破折号之前通常不用点号；但根据句子结构和行文需要，有时也可分别使用句内点号或句末点号。破折号之后通常不会紧跟着使用其他点号；但当破折号表示语音的停顿或延长时，根据语气表达的需要，其后可紧接问号或叹号。

示例 1：小妹说："我现在工作得挺好，老板对我不错，工资也挺高。——我能抽支烟吗？"（表示话题的转折）

示例 2：我不是自然主义者，我主张文学高于现实，能够稍稍居高临下地去看现实，因为文学的任务不仅在于反映现实。光描写现存的事物还不够，还必须记住我们所希望的和可能产生的事物。必须使现象典型化。应该把微小而有代表性的事物写成重大的和典型的事物。——这就是文学的任务。（表示对前几句话的总结）

示例 3："是他——？"石一川简直不敢相信自己的耳朵。

示例 4："我终于考上大学啦！我终于考上啦——！"金石开兴奋得快要晕过去了。

B.2.4　省略号前后的标点用法

省略号之前通常不用点号。以下两种情况例外：省略号前的句子表示强烈语气、句末使用问号或叹号时；省略号前不用点号就无法标示停顿或表明结构关系时。省略号之后通常也不用点号，但当句末表达强烈的语气或感情时，可在省略号后用问号或叹号；当省略号后还有别的话、省略的文字和后面的话不连续且有停顿时，应在省略号后用点号；当表示特定格式的成分虚缺时，省略号后可用点号。

示例 1：想起这些，我就觉得一辈子都对不起你。你对梁家

的好,我感激不尽!……

示例2:他进来了,……一身军装,一张朴实的脸,站在我们面前显得很大,很年轻。

示例3:这,这是……?

示例4:动物界的规矩比人类还多,野骆驼、野猪、黄羊……,直至塔里木兔、跳鼠,都是各行其路,决不混淆。

示例5:大火被渐渐扑灭,但一片片油污又旋即出现在遇难船旁……。清污船迅速赶来,并施放围栏以控制油污。

示例6:如果……,那么……。

B.3 序次语之后的标点用法

B.3.1 "第""其"字头序次语,或"首先""其次""最后"等做序次语时,后用逗号(见4.4.3.3)。

B.3.2 不带括号的汉字数字或"天干地支"做序次语时,后用顿号(见4.5.3.3)。

B.3.3 不带括号的阿拉伯数字、拉丁字母或罗马数字做序次语时,后面用下脚点(该符号属于外文的标点符号)。

示例1:总之,语言的社会功能有三点:1.传递信息,交流思想;2.确定关系,调节关系;3.组织生活,组织生产。

示例2:本课一共讲解三个要点:A.生理停顿;B.逻辑停顿;C.语法停顿。

B.3.4 加括号的序次语后面不用任何点号。

示例1:受教育者应履行以下义务:(一)遵守法律、法规;(二)努力学习,完成规定的学习任务;(三)遵守所在学校或其他教育机构的制度。

示例2:科学家很重视下面几种才能:(1)想象力;(2)直觉的理解力;(3)数学能力。

B.3.5 阿拉伯数字与下脚点结合表示章节关系的序次语末尾不用任何点号。

示例:3 停顿

  3.1 生理停顿

  3.2 逻辑停顿

B.3.6 用于章节、条款的序次语后宜用空格表示停顿。

示例:第一课　春天来了

B.3.7 序次简单、叙述性较强的序次语后不用标点符号。

示例:语言的社会功能共有三点:一是传递信息;二是确定关系;三是组织生活。

B.3.8 同类数字形式的序次语,带括号的通常位于不带括号的下一层。通常第一层是带有顿号的汉字数字;第二层是带括号的汉字数字;第三层是带下脚点的阿拉伯数字;第四层是带括号的阿拉伯数字;再往下可以是带圈的阿拉伯数字或小写拉丁字母。一般可根据文章特点选择从某一层序次语开始行文,选定之后应顺着序次语的层次向下行文,但使用层次较低的序次语之后不宜反过来再使用层次更高的序次语。

示例:一、……

  (一)……

   1.……

    (1)……

     ①/a.……

B.4 文章标题的标点用法

文章标题的末尾通常不用标点符号,但有时根据需要可用问号、叹号或省略号。

示例1:看看电脑会有多聪明,让它下盘围棋吧

示例2：猛龙过江:本店特色名菜

示例3：严防"电脑黄毒"危害少年

示例4：回家的感觉真好

　　　　——访大赛归来的本市运动员

示例5：里海是湖,还是海?

示例6：人体也是污染源!

示例7：和平协议签署之后……

附录二

标点用法训练100题

请修改下列句子中误用的标点符号。

1. 他一进门说了声:"大伙儿都在等着你们呢!"就飞也似的跑开了。

2. 墙上贴着一张标语,写着"苍蝇!蚊子!你打过没有?"

3. 她想到自己每天朝九晚五奔波为了什么呢? 不正是为了能住上大房子吗?

4. 针灸是我国医学遗产中的一个重要组成部分,自古以来,我国劳动人民就广泛采用,世界医学界也给予很高的评价。

5. 上车后请即刷卡或购票,每人可免费携带1.2米以下儿童一人;儿童单独上车,须购车票,车票必须保留到下车。

6. 作者由于重回延安,(贺敬之一九四〇年到延安,一九四六年奔赴华北干革命,一九五六年重回延安访问学习。)心情格外激动。

7. 我们要求大家合理密植,和及早防治病虫害。

8. "行喽,"小陈停了一会儿说:"叫我干什么就干什么。"

9. 他家里的人说:"自己家里的炉子用多少煤,你从来不管,对火车烧煤却这样认真"。他说:"国家的事要一丝不苟"。

10. 我回到家乡一看。嗬!一幢幢美丽的瓦房;一片片葱翠的农田;一条条笔直的渠道;真是翻天覆地的变化。

11. 什么地方什么条件下可以种植什么样的药材? 老农了如指掌。

12. 一个时期,诗人对于季节:春夏秋冬的自然描写特别多。

13. 金秋时节,我怀着激动的心情踏进阔别已久的母校的大门,鲜艳的五星红旗迎风飘扬,猎猎作响,教室坐北朝南,传来朗朗的读书声,宽敞的操场上,上体育课的学生在进行各种体育活动,生气勃勃。

14. 听到指责,他不予理睬。于是转身离去。

15. 小丁有多种兴趣爱好,我刚才听同学说她参加什么比赛获奖了,也不知道是参加书法比赛获奖了,还是参加唱歌比赛获奖了?

16. 上课要注意两点:第一、不能讲话,影响别人听课;第二、不要做小动作,以免听课不专心。

17. 三、四十岁的员工有一定的工作经验,但上有老下有小,负担很重。

18. "七大奇观"指的是两三千年以前,在地中海东部沿岸地区七座宏伟的建筑和雕塑。它们是:

1、埃及的金字塔;

2、巴比伦的空中花园;

3、奥林匹斯山宙斯神像;

4、以弗所阿泰密斯神庙;

5、希腊罗德岛太阳神巨像;

6、哈利卡纳苏斯陵墓;

7、亚历山大港灯塔。

19. 元宵节,小青去看花灯,前、后、左、右都挤满了人。

20. 希望大家以真诚换取友谊;以热情培养友谊;以宽容维护友谊;以原则纯化友谊。

21. 赵晓云获奖了,心中暗喜,幸好我没有放弃这次机会。

22. 各职能部门在查处取缔无证无照经营工作中要各司其职、互相配合,工商部门负责查处取缔未取得有效许可证擅自从

事经营活动的行为;工信部门负责依法监督管理无线电和电子电器产品维修行业;公安部门负责依法监督管理旅馆业、公章刻制业。

23. 一是养老保险安置。对进入企业工作的失地农民要同企业员工一样纳入企业职工基本养老保险;二是医疗保险安置。城镇居民医疗保险制度已建立,可参加城镇居民医疗保险。

24. (图表略)注:以上各项数据统计截止时间为2012年12月31日;城市人口指常住户籍人口;规模工业企业个数统计为新口径。

25. FBI的特工通过调查发现,广告是一个叫帝王贸易公司一家假公司的单位刊登的。

26. (一)整合监管职能和机构。

为减少监管环节,保证上下协调联动……

27. 其他几个选项已被排除,因此,正确答案为 personal touch.

28. 我告诉他家乡已经变了样啦! 他高兴得不得了。

29. 贵报《中外名人故事》专栏内刊登的"原子能事业创始人钱三强夫妇"一文,我们都喜欢读。

30. 文天祥一身正气,他虽然被俘,但英勇不屈,要"留取丹心照汗青。"

31. 黄大茂说他很喜欢毛泽东的"天若有情天亦老"(其实是毛泽东引用了李贺《金铜仙人辞汉歌》中的诗句)。

32. 上海教育出版社2019年推出的《词误百析(第3版)》,市场反响很好,半年销量已过5000册。

33. 《李自成——巾帼悲歌》是尤小刚执导的第一部历史题材的电视剧。

34. 绿蚁新醅酒,红泥小火炉。—白居易《问刘十九》

35. 在计算机科学的另一个实用分支情报检索中,语言学的问题更具体。

36. 它既不是汽油,也不是酒精,而是金属——镁或铝。

37. 每年的"3.15"消费者日,央视都会有一台精彩的晚会。

38. 请问 A.罗伯特.李是哪个国家的人?

39.《'99 中国油画艺术展》隆重开幕

40. 每一位下岗人员都应该如实填报《职工下岗登记表》。

41. 8 月 19 日,中国海军第 32 批护航编队西安舰完成为期 4 天的技术停靠,驶离埃及亚历山大港。请关注今日《解放军》报的报道。

42. 雄伟的人民大会堂,是首都最著名的建筑之一,……。那壮丽的廊柱、淡雅的色调,以及四周层次繁多的建筑立面,组成了一幅绚丽的图画。

43. 在另一领域中,人却超越了自然力,如飞机、火箭、电视、计算机……等等。

44. 制定并实施学校安防达标建设三年行动计划(2013 - 2015 年)。

45. 围绕政府半年工作开展回头看,认真总结上半年工作,科学谋划下半年工作。(责任单位:各镇(街道))

46. 师范院校的学生都必须学习《教育学》、《心理学》等公共必修课。

47. 行政法主要包括关于行政管理体制、行政管理基本原则、行政机关活动的方式、方法、程序以及有关国家机关工作人员的法律规范。

48. 下班前,王敏杰问张芝:"明天放假吗? 张老师。"

49. 一本书少则数万字,多则数十万、甚至上百万字,审读一遍不是容易的呀。

50. 他指出,科学是没有地区性局限的,"真正具有普遍性的是现代科学和现代技术,以及形成这种科学技术的哲学思想。"

51. "这究竟是怎么回事呢?同志们。"厂长严肃地说。

52. 基础知识究竟扎实不扎实?对今后的继续深造有重要影响。

53. 耿大妈对儿子说:"大成,见人该问好就问好,该行礼就行礼,别怕人笑话,俗话说:'礼多人不怪嘛。'"

54. 要在城西修建立交桥的消息传出后,许多人都非常关心这座立交桥将怎么建?那里的近千株树木怎么办?

55. 现代画家徐悲鸿笔下的马,正如有的评论家所说的那样,"神形兼备,充满生机。"

56. 小河对岸三、四里外是浅山,好似细浪微波,线条柔和,蜿蜒起伏,连接着高高的远山。

57. 证券交易所内那些穿红马甲的人便是经纪人,穿黄马甲的人则是管理和服务人员;这是全世界都统一的。

58. 他从报上看到某大学研究生院和《中国文化》编委会联合主办《中国文化与世界文化暑期讲习班》的招生启事,立即发邮件去报名。

59. 当太阳完全被月亮的身影遮住时,与神女般若隐若现的"海尔-波普"彗星相比,清晰的水星亮晶晶地伴在被遮黑的太阳旁边,金星、木星也同时现在天宇。

60. 出版社在 2017 年第一季度社科新书征订单上提醒邮购者:务必在汇款单上写清姓名及详细地址(汇款单附言栏内注明所购的书名、册数)。

61. 今年春季,这个省的沿海地区要完成 3700 万立方的河堤加高和河口截流改道工程,任务重、工程难、规模大。

62. 桃花开了,红得像火;梨花开了,白得像雪;郁金香也开

了,黄色、紫色交相辉映,好一派万紫千红的灿烂春光!

63. 公司常年坚持节能管理的月考核、季评比、年结算制度、能耗预测制度和能源跟踪分析制度,做到节能工作常抓不懈。

64. 中国足球的球迷们现在真的感到很迷惘,面对这片绿茵场,不知道是继续呐喊助威呢,还是干脆掉头而去?

65. 我国第一座自主设计、自行建造的国产化商业核电站"秦山第二核电厂"的2号机组核反应堆首次临界试验获得成功,将于年内并网发电。

66. 近年来,随着经济的发展,城市的扩大,人口的猛增和生活质量的提高,城市垃圾不断增加,"城市垃圾处理"已成为环境保护的一大难题。

67.《地质灾害防治条例》正式确立了:"自然因素造成的地质灾害,由各级政府负责治理;人为因素引发的地质灾害,谁引发谁治理"的原则。

68. 中国跳水队领队在出征雅典世界杯赛前表示,"这次奥运会前的热身赛预定完成三项任务—感受场馆,观察对手,摸清自身。"

69. 以"健康秩序、健康生活"为主题的中央电视台"3.15"电视宣传活动,将由央视经济频道的11个栏目共同组织完成。

70. 最近多名省部级高官因贪污受贿被判处死刑,人民群众无不拍手称快,但人们还在关注着检察机关对那些行贿者将如何处置?

71. 什么是插画?插画就是出版物中的插图:一本书如果以插画为主,以文字为辅,就被称为绘本,顾名思义就是画出来的书。

72. 不管达到临界值,超过人类智能总和的"奇点时刻"能否到来,我们都应当从智慧的延伸中,努力升华那独一无二的想象

与思考,理性与善良。

73. 最近两天,京津地区、华北中南部、黄淮、江淮、汉水流域、贵州等地的日平均气温达到了入夏以来的最高值。

74. 新鲜大米,手感滑爽,米粒光洁,透明度好,腹白很小(米粒上呈乳白色的部分),做出的米饭清香可口。

75. 《教师口语》一书的《序言》说:"《教师口语》是为了强化教师的口语表达能力而新增的专业课程。"

76. 诈骗犯有一种特长——讲究"适销对路":你迷信鬼神,他就以鬼神为饵,你迷信权力,他就以权力相诱。

77. 这种白内障冷冻摘除器,具有制冷、解冻迅速、操作方便、安全性能高等特点。

78. 记者由此推想,在"五一"这个劳动者的神圣节日里,到底能够有多少农民工享受到法律赋予他们的休息权?

79. 老人拿到医疗救助金后感动地说:"如今有这么好的政策,有这么好的医疗条件,虽然得了重病,并不可怕,我呀!还得活一阵子呢。"

80. 目前大学毕业生就业存在一种奇怪的现象:一方面很多学生毕业后找不到工作,一方面很多民营企业以及西部边远地区招不到需要的工作人员,出现这种现象的原因之一在于大学毕业生没有树立正确的择业观。

81. 如果用肉眼细观月亮,可以看到月亮表面有些地方较明亮,有些地方较暗淡。这些明暗交错的图案,给人们丰富的想象空间……嫦娥、玉兔、吴刚、桂树。

82. 看!有人为你花式献礼
——凯迪拉克官方俱乐部5周年庆5重互动玩出5大好礼

83. 《此刻·点亮成都》

84. 水深危险:禁止游泳、垂钓,后果自负!

85. 体育教学和运动场地,对婴、幼儿及老人存在安全隐患,敬告慎入!后果自负!

86. 保持运动场地、通道,无垃圾、痰迹、积水和烟头。

87. 熟知消防知识,能够规范使用消防设施,如发现场馆内设备、设施丢失或其他安全隐患,应第一时间向场馆安全办公室报告。

88. 厕所地面保持清洁,无积灰,无积水,无堵塞,及时清扫蹲坑便池,清除异味,洗漱台无油迹、无污垢、无青苔。

89. 严禁携带宠物、易燃、易爆及油渍物品进入场地,禁止把雨具带入场馆。

90. 五云仙馆建于清光绪二十四年(1898年),得名于薛涛的诗句:"九气分为九色霞,五灵仙驭五云车"。

91. 从2016年起,义务教育小学和初中起始年级"品德与生活""思想品德"教材名称统一更改为"道德与法治"。

92.《人民日报》的"钟声"栏目和海外版"海望楼"栏目也接连发表多篇评论,指出"朝鲜半岛不可能因部署'萨德'而归于宁静,因为任何一方的安全都不可能稳固地建立在别国不安全的基础上"。

93. 每个指头对应着不同的经络:拇指对应着肺部经络;食指对应着大肠经络;中指对应着心经;无名指对应着三焦经络;小指对应着小肠经络。

94. 我并不讳言:前两年,我们确有过相当困难时期,但是这种情况改变得很快。

95. 他为什么总是说:"我疼你,我要保护你"之类的话?

96. 人们阅读应用文时,一般不包括欣赏的因素(书信、日记有时被当作文学创作的形式,那是例外,不能看作一般应用文。)

97. 已经25岁了,我终于成为专业合唱队的演员,遗憾的是

没唱几年歌,领导却让我改唱评戏,由于唱法路子不对而毁了嗓子,我被迫含着眼泪离开了舞台。

98. 产生经费紧张的原因,一个是实在缺得多。另一个是在经费使用效率上也存在一些问题。

99. 总之,这部文集,触及了当代一系列重大的学术问题,相信有心的读者,会从中得到深刻的启示。

100. 对于一切犯错误的同志,要历史地全面地评价他们的功过是非,不要一犯错误就全盘否定;也不要纠缠历史上发生过而已经查清的问题。

参 考 答 案

1. 他一进门说了声"大伙儿都在等着你们呢!",就飞也似的跑开了。

2. 墙上贴着一张标语,写着:"苍蝇!蚊子!你打过没有?"

3. 她想到自己每天朝九晚五奔波为了什么呢,不正是为了能住上大房子吗?

4. 针灸是我国医学遗产中的一个重要组成部分。自古以来,我国劳动人民就广泛采用,世界医学界也给予很高的评价。

5. 上车后请即刷卡或购票;每人可免费携带1.2米以下儿童一人;儿童单独上车,须购车票;车票必须保留到下车。

6. 作者由于重回延安(贺敬之一九四〇年到延安,一九四六年奔赴华北干革命,一九五六年重回延安访问学习),心情格外激动。

7. 我们要求大家合理密植,及早防治病虫害。

8. "行喽,"小陈停了一会儿说,"叫我干什么就干什么。"

9. 他家里的人说:"自己家里的炉子用多少煤,你从来不管,对火车烧煤却这样认真。"他说:"国家的事要一丝不苟。"

10. 我回到家乡一看,嗬,一幢幢美丽的瓦房,一片片葱翠的农田,一条条笔直的渠道:真是翻天覆地的变化!

11. 什么地方什么条件下可以种植什么样的药材,老农了如指掌。

12. 一个时期,诗人对于季节春夏秋冬的自然描写特别多。

13. 金秋时节,我怀着激动的心情踏进阔别已久的母校的大门。鲜艳的五星红旗迎风飘扬,猎猎作响。教室坐北朝南,传来

朗朗的读书声。宽敞的操场上,上体育课的学生在进行各种体育活动,生气勃勃。

14. 听到指责,他不予理睬,于是转身离去。

15. 小丁有多种兴趣爱好。我刚才听同学说她参加什么比赛获奖了,也不知道是参加书法比赛获奖了,还是参加唱歌比赛获奖了。

16. 上课要注意两点:第一,不能讲话,影响别人听课;第二,不要做小动作,以免听课不专心。

17. 三四十岁的员工有一定的工作经验,但上有老下有小,负担很重。

18. "七大奇观"指的是两三千年以前,在地中海东部沿岸地区七座宏伟的建筑和雕塑。它们是:

1. 埃及的金字塔;

2. 巴比伦的空中花园;

3. 奥林匹斯山宙斯神像;

4. 以弗所阿泰密斯神庙;

5. 希腊罗德岛太阳神巨像;

6. 哈利卡纳苏斯陵墓;

7. 亚历山大港灯塔。

19. 元宵节,小青去看花灯,前后左右都挤满了人。

20. 希望大家以真诚换取友谊,以热情培养友谊,以宽容维护友谊,以原则纯化友谊。

21. 赵晓云获奖了,心中暗喜:幸好我没有放弃这次机会。

22. 各职能部门在查处取缔无证无照经营工作中要各司其职、互相配合:工商部门负责查处取缔未取得有效许可证擅自从事经营活动的行为;工信部门负责依法监督管理无线电和电子电器产品维修行业;公安部门负责依法监督管理旅馆业、公章刻

制业。

23. 一是养老保险安置。对进入企业工作的失地农民要同企业员工一样纳入企业职工基本养老保险。二是医疗保险安置。城镇居民医疗保险制度已建立,可参加城镇居民医疗保险。

24. (图表略)注:以上各项数据统计截止时间为 2012 年 12 月 31 日;城市人口指常住户籍人口;规模工业企业个数统计为新口径

25. FBI 的特工通过调查发现,广告是一个叫帝王贸易公司(一家假公司)的单位刊登的。

26. (一)整合监管职能和机构

为减少监管环节,保证上下协调联动……

(校正说明:标题单独占一行的情况下,末尾应该省略句号)

27. 其他几个选项已被排除,因此,正确答案为 personal touch。

28. 我告诉他:"家乡已经变了样啦!"他高兴得不得了。

29. 贵报《中外名人故事》专栏内刊登的《原子能事业创始人钱三强夫妇》一文,我们都喜欢读。

30. 文天祥一身正气,他虽然被俘,但英勇不屈,要"留取丹心照汗青"。

31. 黄大茂说他很喜欢毛泽东的"天若有情天亦老"。(其实是毛泽东引用了李贺《金铜仙人辞汉歌》中的诗句)

32. 上海教育出版社 2019 年推出的《词误百析》(第 3 版),市场反响很好,半年销量已过 5000 册。

33. 《李自成·巾帼悲歌》是尤小刚执导的第一部历史题材的电视剧。

34. 绿蚁新醅酒,红泥小火炉。——白居易《问刘十九》

35. 在计算机科学的另一个实用分支——情报检索中,语言

学的问题更具体。

36. 它既不是汽油,也不是酒精,而是金属镁或铝。

37. 每年的"3·15"消费者日,央视都会有一台精彩的晚会。

38. 请问 A.罗伯特·李是哪个国家的人?

39. "'99 中国油画艺术展"隆重开幕

40. 每一位下岗人员都应该如实填报"职工下岗登记表"。

41. 8 月 19 日,中国海军第 32 批护航编队西安舰完成为期 4 天的技术停靠,驶离埃及亚历山大港。请关注今日《解放军报》的报道。

42. 雄伟的人民大会堂,是首都最著名的建筑之一,……那壮丽的廊柱、淡雅的色调,以及四周层次繁多的建筑立面,组成了一幅绚丽的图画。

43. 在另一领域中,人却超越了自然力,如飞机、火箭、电视、计算机……

44. 制定并实施学校安防达标建设三年行动计划(2013—2015 年)。

45. 围绕政府半年工作开展回头看,认真总结上半年工作,科学谋划下半年工作。[责任单位:各镇(街道)]

46. 师范院校的学生都必须学习"教育学""心理学"等公共必修课。

47. 行政法主要包括关于行政管理体制,行政管理基本原则,行政机关活动的方式、方法、程序以及有关国家机关工作人员的法律规范。

48. 下班前,王敏杰问张芝:"明天放假吗,张老师?"

49. 一本书少则数万字,多则数十万,甚至上百万字,审读一遍不是容易的呀。

50. 他指出,科学是没有地区性局限的,"真正具有普遍性的

是现代科学和现代技术,以及形成这种科学技术的哲学思想"。

51. "这究竟是怎么回事呢,同志们?"厂长严肃地说。

52. 基础知识究竟扎实不扎实,对今后的继续深造有重要影响。

53. 耿大妈对儿子说:"大成,见人该问好就问好,该行礼就行礼,别怕人笑话,俗话说'礼多人不怪'嘛。"

54. 要在城西修建立交桥的消息传出后,许多人都非常关心这座立交桥将怎么建,那里的近千株树木怎么办。

55. 现代画家徐悲鸿笔下的马,正如有的评论家所说的那样,"神形兼备,充满生机"。

56. 小河对岸三四里外是浅山,好似细浪微波,线条柔和,蜿蜒起伏,连接着高高的远山。

57. 证券交易所内那些穿红马甲的人便是经纪人,穿黄马甲的人则是管理和服务人员:这是全世界都统一的。

58. 他从报上看到某大学研究生院和《中国文化》编委会联合主办"中国文化与世界文化暑期讲习班"的招生启事,立即发邮件去报名。

59. 当太阳完全被月亮的身影遮住时,与神女般若隐若现的海尔－波普彗星相比,清晰的水星亮晶晶地伴在被遮黑的太阳旁边;金星、木星也同时现在天宇。

60. 出版社在2017年第一季度社科新书征订单上提醒邮购者:务必在汇款单上写清姓名及详细地址。(汇款单附言栏内注明所购的书名、册数)

61. 今年春季,这个省的沿海地区要完成3700万立方的河堤加高和河口截流改道工程,任务重,工程难,规模大。

62. 桃花开了,红得像火;梨花开了,白得像雪;郁金香也开了,黄色、紫色交相辉映:好一派万紫千红的灿烂春光!

63. 公司常年坚持节能管理的月考核、季评比、年结算制度,能耗预测制度和能源跟踪分析制度,做到节能工作常抓不懈。

64. 中国足球的球迷们现在真的感到很迷惘,面对这片绿茵场,不知道是继续呐喊助威呢,还是干脆掉头而去。

65. 我国第一座自主设计、自行建造的国产化商业核电站——秦山第二核电厂的2号机组核反应堆首次临界试验获得成功,将于年内并网发电。

66. 近年来,随着经济的发展、城市的扩大、人口的猛增和生活质量的提高,城市垃圾不断增加,"城市垃圾处理"已成为环境保护的一大难题。

67.《地质灾害防治条例》正式确立了"自然因素造成的地质灾害,由各级政府负责治理;人为因素引发的地质灾害,谁引发谁治理"的原则。

68. 中国跳水队领队在出征雅典世界杯赛前表示:"这次奥运会前的热身赛预定完成三项任务——感受场馆,观察对手,摸清自身。"

69. 以"健康秩序、健康生活"为主题的中央电视台"3·15"电视宣传活动,将由央视经济频道的11个栏目共同组织完成。

70. 最近多名省级高官因贪污受贿被判处死刑,人民群众无不拍手称快,但人们还在关注着检察机关对那些行贿者将如何处置。

71. 什么是插画?插画就是出版物中的插图。一本书如果以插画为主,以文字为辅,就被称为绘本,顾名思义就是画出来的书。

72. 不管达到临界值、超过人类智能总和的"奇点时刻"能否到来,我们都应当从智慧的延伸中,努力升华那独一无二的想象与思考、理性与善良。

73. 最近两天,京津地区,华北中南部,黄淮、江淮、汉水流域,贵州等地的日平均气温达到了入夏以来的最高值。

74. 新鲜大米,手感滑爽,米粒光洁,透明度好,腹白(米粒上呈乳白色的部分)很小,做出的米饭清香可口。

75.《教师口语》一书的《序言》说:"'教师口语'是为了强化教师的口语表达能力而新增的专业课程。"

76. 诈骗犯有一种特长——讲究"适销对路":你迷信鬼神,他就以鬼神为饵;你迷信权力,他就以权力相诱。

77. 这种白内障冷冻摘除器,具有制冷、解冻迅速,操作方便,安全性能高等特点。

78. 记者由此推想,在"五一"这个劳动者的神圣节日里,到底能够有多少农民工享受到法律赋予他们的休息权。

79. 老人拿到医疗救助金后感动地说:"如今有这么好的政策,有这么好的医疗条件,虽然得了重病,并不可怕,我呀,还得活一阵子呢!"

80. 目前大学毕业生就业存在一种奇怪的现象:一方面很多学生毕业后找不到工作,一方面很多民营企业以及西部边远地区招不到需要的工作人员。出现这种现象的原因之一在于大学毕业生没有树立正确的择业观。

81. 如果用肉眼细观月亮,可以看到月亮表面有些地方较明亮,有些地方较暗淡。这些明暗交错的图案,给人们丰富的想象空间:嫦娥、玉兔、吴刚、桂树……

82. 看,有人为你花式献礼!

——凯迪拉克官方俱乐部 5 周年庆 5 重互动玩出 5 大好礼

83. 此刻,点亮成都

84. 水深危险,禁止游泳、垂钓!后果自负。

85. 体育教学和运动场地,对婴幼儿及老人存在安全隐患。

敬告慎入,后果自负。

86. 保持运动场地、通道无垃圾、痰迹、积水和烟头。

87. 熟知消防知识,能够规范使用消防设施;如发现场馆内设备、设施丢失或其他安全隐患,应第一时间向场馆安全办公室报告。

88. 厕所地面保持清洁,无积灰,无积水,无堵塞;及时清扫蹲坑便池,清除异味;洗漱台无油迹,无污垢,无青苔。

89. 严禁携带宠物、易燃易爆及油渍物品进入场地,禁止把雨具带入场馆。

90. 五云仙馆建于清光绪二十四年(1898年),得名于薛涛的诗句:"九气分为九色霞,五灵仙驭五云车。"

91. 从2016年起,义务教育小学和初中起始年级《品德与生活》《思想品德》教材名称统一更改为《道德与法治》。

92.《人民日报》的《钟声》栏目和海外版《海望楼》栏目也接连发表多篇评论,指出"朝鲜半岛不可能因部署'萨德'而归于宁静,因为任何一方的安全都不可能稳固地建立在别国不安全的基础上"。

93. 每个指头对应着不同的经络:拇指对应着肺部经络,食指对应着大肠经络,中指对应着心经,无名指对应着三焦经络,小指对应着小肠经络。

94. 我并不讳言,前两年我们确有过相当困难时期,但是这种情况改变得很快。

95. 他为什么总是说"我疼你,我要保护你"之类的话?

96. 人们阅读应用文时,一般不包括欣赏的因素。(书信、日记有时被当作文学创作的形式,那是例外,不能看作一般应用文。)

97. 已经25岁了,我终于成为专业合唱队的演员。遗憾的

是,没唱几年歌,领导却让我改唱评戏。由于唱法路子不对而毁了嗓子,我被迫含着眼泪离开了舞台。

98. 产生经费紧张的原因,一个是实在缺得多,另一个是在经费使用效率上也存在一些问题。

99. 总之,这部文集触及了当代一系列重大的学术问题,相信有心的读者会从中得到深刻的启示。

100. 对于一切犯错误的同志,要历史地全面地评价他们的功过是非,不要一犯错误就全盘否定,也不要纠缠历史上发生过而已经查清的问题。

图书在版编目（CIP）数据

标点百诊 / 杨林成, 陈光磊编著. — 上海:上海教育出版社,
2020.4
（字斟句酌）
ISBN 978-7-5444-9531-8

Ⅰ.①标… Ⅱ.①杨… ②陈… Ⅲ.①汉语－标点符号－使用方法
Ⅳ.①H155

中国版本图书馆CIP数据核字(2020)第036439号

责任编辑　许　霞　李　璐
书籍设计　郑　艺

字斟句酌丛书
标点百诊
杨林成　陈光磊　编著

出版发行	上海教育出版社有限公司
官　　网	www.seph.com.cn
地　　址	上海市闵行区号景路159弄C座
邮　　编	201101
印　　刷	上海叶大印务发展有限公司
开　　本	889×1194　1/32　印张5.25　插页1
字　　数	122千字
版　　次	2020年4月第1版
印　　次	2024年10月第7次印刷
书　　号	ISBN 978-7-5444-9531-8/H·0326
定　　价	29.00元

如发现质量问题，读者可向本社调换　电话：021-64373213

"字斟句酌"丛书

标点百诊

杨林成　陈光磊　编著

上海教育出版社
SHANGHAI EDUCATIONAL
PUBLISHING HOUSE